宇宙語アート

『望むものはすべて宇宙から降ってきます』

宇宙語アート

『愛と光につながります』

宇宙語マスターになると人生はうまくいく

愛と光のライトランゲージ

著者　光ファミリー

はじめに～宇宙語は誰でも話せる

僕の人生はすこぶるうまくいっている！（あずみん）
私の人生もかなりうまくいっている!!（ゆきちゃん）

なぜなら
僕たちは**宇宙語マスター**だからです。
サブタイトルにあるように、**宇宙語**は**ライトランゲージ**とも呼ばれています。
詳しくは第1章と第2章で解説しております。

僕たち家族は、息子ひかる（光）の名前が入った**光ファミリー**（ひかるファミリー）として**スピリチュアル**な活動（ライトワーク）を続けています。

この本の著者は光ファミリーとなっています。主に書いているのは、あずみんなので、ここから「僕」と書くのは父のあずみんです。第5章の「宇宙語との出逢いとスピリチュアルジャーニー【ゆきちゃん編】地球を楽しむ」のみ、母のゆきちゃんが「私」として書いています。

このような本を書いている僕たちがいったい何者なのか？

僕は海外の最新テクノロジー企業の仕事を日本でやっている**ビジネスマン**です。

「えっ？　**宇宙語マスター**だから宇宙語を教えたり、ヒーリングをしたり、**スピリチュアルな仕事ばかりしてるんじゃないの？**」と思われるかもしれませんが、そうではありません。「ただの宇宙語を話すにいちゃんだと思ってたけど、ちゃんとしてるんだね」と言われたりもしています。

今の仕事は、銀行口座を持たない世界の人たちに経済システムを提供し、その技術を活かして日本を元氣にすることです。人生の目的に合った活動で、とてもやりがいのある仕事です。

この仕事に出逢えたのは宇宙語のおかげです。やりがいのある仕事をオーダーしたらすぐに決まりました。また、何をすべきか、誰とすべきか、といったことは**宇宙語で判断しているのでうまくいっています。**

今まではなかなかこのような本を出しても理解してもらえないと思っていたのですが、今や**風の時代**となりまして、**宇宙語を話したい人がとっても増えている**ようなんです。風というだけあって、軽やかに、好きなようにありのままで生きられる、そして頑張らなくても簡単に、風に乗るように、理想の自分を手に入れることができちゃうような、そんなイメージを持っていただけたら、きっと分かりやすいと思います。

風の時代について、もう少し触れておきましょう。２０２０年の暮れ、**土の時代から風の時代にスイッチ**しました。これまでの生き方が大きく変わる節目です。心の厚化粧がボロボロと剥がれ落ち、常識のヨロイが脱げて、**軽やかに生きられるようになった**のです。

風の時代の特徴は、**2が1になる**ということ。僕たちも、愛を学ぶパートナーと一つとなって家族が一つとなって世界に発信しています。

富裕と貧困、持つ者と持たざる者、所有からシェア、そして、男性性と女性性。**二元性の統合**です。分離を楽しみ成長の糧としてきた時代が一つになる大きな転換期に、**どう生きたらいいのか？**

そう、**生き方の大転換期**に入りました！

その生き方についての答えが、**「宇宙語マスター」**になることでスーッと分かるようになりますよ。

「できるかできないかはあなた次第です」

なんてことも申しません

「できる」「できない」実はこれも二元論ですよね。

つまり**みんなができるようになる**んです。これがどんどん当たり前になっていきます。電氣のスイッチを押したらパチっと灯りが点くようなものです。誰でもスマホでインターネットに繋がるように、宇宙語を話せるようになっちゃいます。そんな時代になりました。

「なーんだ」「簡単だね」

そう思っていただけるように、なるべく分かりやすく書かせていただきました。

それでは、楽に楽しくマスターできる**「世界一簡単でワクワクする楽々宇宙語講座」**の始まり始まり〜♪

《目次》

第6章　土地のエネルギーを感じるライトランゲージ　169

第7章　あずみんの宇宙語体験と受け取ったメッセージ　177

第1章

宇宙語で人生はうまくいく

「宇宙語マスター」とはどういうものなのか、そして、**人生がうまくいくのはなぜなのか？**

それよりもまず「宇宙語って何のこと？」と思われる方もいらっしゃると思いますので、最初に軽く触れておきますね。

宇宙語と言っても、赤ちゃんが言葉を話し始める前の数か月間だけ口にする喃語《なんご》やバブバブ言葉とは違います。

宇宙とも繋がることができる言葉で、英語では**「Light Language（ライトランゲージ）」**と呼ばれていて、イメージとしては光の言語というのがしっくりきます。そのまま「光語」と訳したいところですが、日本では「宇宙語」という訳が浸透しています。

エネルギー的には、「ライトランゲージ」と「宇宙語」を分類することもできるのですが、本書では広義の「宇宙語」として、多くの人が親しみを感じることができるように宇宙語とライトランゲージを同じ意味で使わせていただきます。

本書の最初の目的は、**宇宙語を知り、話せるようになっていただくこと**で、みなさんの人生をよりよく好転させることです。ちょっとした氣付きと言動を変えるだけで毎日が感謝でいっぱいになり、**人生は今よりももっとうまくいく**ようになります。

この本を読んだり、光ファミリーの音声を聴いていただくだけで、だいたいの人が宇宙語を話せるようになっちゃいますし、マスターになることも可能です。

僕が**宇宙語だけを仕事にしていない**のもそこに関係があります。これからの時代、誰もが宇宙語を話すようになると、宇宙語を教える必要もなくなると思っています。

それよりも大事なのは、この地球に来た目的を知ることだったり、誰かのために**大好きな仕事**をするようになることだったり、そのために**宇宙語をどうやって使いこなすのか**ということなんです。

つまり、**天職が何か**ということですね。もしも、宇宙語ヒーリングで人を癒すことが天職でしたらそれは素晴らしいことなので、是非、お仕事にしていただけるといいと思います。

ゆきちゃんはそちらの仕事が向いていると思いますが、がつがつ営業したり宣伝したりということではなく、自然体でそこに存在する花のような存在で、**いるだけで人を癒せるようなネイティブなヒーラー**です。彼女のヒーリングは、とても価値があります。

そして、彼女のライトランゲージは、時には妖精や天使のように優しく清らかであり、時には人を思い、真剣に愛で動く力強い神様のような時もあり、僕の人生で宇宙一の奏者だと確信しています。是非、生でそのライトランゲージを体感していただきたいですし、**巻末に光ファミリーからのギフト（音声データ）**もありますのでお聴きいただければと思います。

この本を書くに当たって、僕たちはこんな会話をしました。

あずみん「最近、何か悩みってある？」
ゆきちゃん「悩み？　これをしなきゃとかいうのはあっても悩みってないよねえ」
あずみん「そうだよね。最近、悩むことってないよね。宇宙語で聞いちゃってるからね」

宇宙語マスターになると、悩むことがほとんどなくなります。分からないことがあったら、宇宙語で答えをもらえるからです。宇宙語でのお悩み相談もとても好評です。インターネットが当たり前になり、何か氣になることがあったら、すぐに検索できますよね。それと同じようなものだと思ってください。宇宙語は言わば新時代のグーグル検索です。宇宙の始まりから終わりまでの全ての、ありとあらゆる情報が検索可能なのです。

つまり、答えが分かっていると悩む必要が無くなります。

どっちがいいか？

どうしたらいいか？

人生は選択の連続ですよね。

悩んで悩んでどちらかを選んだとしても、正しいかどうかが分からない。何か問題が起きたら選択が間違っていたんじゃないかと後悔したり、くよくよしたりしていませんか？

もう一つお聞きします。順風満帆、「人生はうまくいっている！」と思っている人はいったいどれくらいいるのでしょうか？

もしもあなたが、「自分の人生は万事うまくいっている」と思っているのでしたら、それはとても素晴らしいことです。
しかし、この本を手にしたあなたは、もしかしたら「人生がうまくいかない」と心の中で思ってしまう時もあるかもしれません。

ズバリ言いましょう！
うまくいかない原因は、あなたが考え過ぎているからです！

考えない人はうまくいく

ゆきちゃんに、「宇宙語のいいところって何だと思う？」と聞いてみると、

「思考から解放されることかな」

という答えが返ってきました。

そう、宇宙語は**考えないための道具**なのです。

そもそも、考え過ぎるからうまくいかない!?

土の時代なら、「よく考えて決めなさい」なんて言われていたのが、これからは「考えないで宇宙に聞きましょう」というのがスタンダードになってきます。


例えばこんなことを考えるとしましょう。


「もっとお金持ちになりたいな」

「運氣を上げるにはどうしたらいいんだろう」

「あの人のことを考えると憂鬱だな」

「転職したいけどいい仕事ないかな？」

「運命の人はどこにいるの？」


本屋さんに行ってみたり、インターネットで検索してみたり、知ってそうな人に聞いてみたりしてもなかなか答えが見つからない。ああでもない、こうでもないと思考を巡らし、やってみたけど本当にこれでよかったのかなあと思ったり、うまくいかなくてまた悩み出したり。そんな経験ありませんか？

これ全部、宇宙に丸投げしましょう！

丸投げするには宇宙語を使います。

宇宙語で質問すれば、速いと1秒か2秒くらいで答えが降りてきます。

しかも、自分で考えるよりも「しっくりくる」、もしくは、よく分からないけどその通りにやってみたらうまくいった！

これが僕たちの日常なんです。

宇宙に委ねることで常にベストな選択ができます。あれこれ考えて決めたことというのは、うまくいく場合もあれば、後悔するような結果になることもあります。途中でマズいなと思った時に、そこで引き返すのか、それとも問題をクリアしてさらに突き進むのか。またここで選択しなくてはなりません。

この状況はカーナビに似ていると思いませんか？

最新の情報に更新され、リアルタイムに情報を受信し、おまけに高性能なＡＩまで搭載したカーナビがあったとします。途中で事故や工事があってふだんの道が通れなくても、迂回路を見つけて上手に道案内をしてくれそうですね。

一度行き先をセットすれば、後は自動運転で勝手に運転してくれる車、なんていうのもそろそろ実用化されそうですし、もう自分で考えたり、頑張ったりしなくても楽に楽しく目的地に着けそうです。

このカーナビと自動運転の車を手に入れませんか？

ということなんです。

あれこれ考えるのを止めて、宇宙にお任せ！

いかがでしょう？

これができるのが、宇宙語、ライトランゲージです。僕たちは、宇宙に委ねて、あれこれ悩み考えることを手放したことでどんどん人生がうまくいくようになりました。

この本の構成や企画はもちろん考えているのですが、考えているようで、手が勝手に動いているような感覚なんです。

「思考を離れる」

それはすなわちブルースリーの名言である「Don't think. Feel！（考えるな。感じろ！）」そのものです。

自分であれこれ考えるな。宇宙がどうしたいかを感じればいい。

そのためには宇宙語（ライトランゲージ）を話すことです。言い換えると、

「Don't think. Speak Light Language！（考えるな。ライトランゲージを話せ！）」

そうすることで、もっともっと人生がうまくいきます。人生が楽になります。人生が楽しくなるのです。

風の時代は、宇宙が望む生き方をしている人と、そうでない人とで大きく差が出て来ます。

自動で素敵な未来へと運んでくれるのですから、細かいことをあれやこれやと考えたり悩んだり心配したりというのはもはや必要ないのです。

【恋愛編】運命のツインレイ・パートナーに出逢う

僕とゆきちゃんは、別々に魂の成長を続けてきたのですが、運命の時が来て、宇宙語でお互いがツインレイ（魂の双子、運命のパートナー）だと氣付き、二人になりました。そして、「待ってました！」とばかりにひかるがやってきて三人の光旅（ひかるたび）が始まりました。

ツインレイと出逢い、うまくいってると言うと、**「私のツインレイはどこにいますか？」「今のパートナーはツインレイかしら？」**といったことを聞かれます。多くの方が、運命のパートナーと出逢って幸せになりたいと願っています。

運命の人、「白馬に乗った王子様」はどこにいるの？

これを最初にもってくるのは、全ての人に当てはまらないかもしれません。中には、今世は結婚しないと決めて来ている魂もいます。ですが、僕たちの場合は、愛を学ぶパートナーとの出逢いがあったからこそ、劇的に人生がうまくいくようになりました。

人生がうまくいく最初のテーマは、**素敵なパートナーと出逢うために宇宙語がどれだけ役に立つのか**、ということをお話させてください。

ただし、パートナーというのは、必ずしも恋愛や結婚相手でなくても構いません。**仕事がうまくいく人はビジネスパートナーに恵まれます。**

地球で共に成長を楽しむことができる、運命のパートナーと出逢うことはとても幸せなことだと僕たちは感じています。

僕のパートナーのゆきちゃんは、周りからRainbow Goddess（レインボーゴッデス）ゆきちゃんと呼ばれています。

彼女は虹が大好きで、虹色を身に着けているので、周りからそう呼ばれています。

僕が虹色のオーラを持つアルクトゥルス星人なので、二人が出逢うために虹をまとっていたのかもしれません。

僕も独自に宇宙語を習得しているのですが、彼女もまた宇宙語を話すことができ、クリスタルボウルの奏者でもあります。

僕たちは、**運命のツインレイ・パートナー**としてこの地球で出逢うことができました。

そんな僕たちの共通言語が宇宙語です。

宇宙語で話すことで僕たちは常に宇宙と繋がって、宇宙の采配に身を委ね、毎日が「有難う」の連続です。わざわざ漢字で書いたのは、ありがとうは「有難い」ことに対して感謝を述べる言葉だからです。「有難い」すなわち「有る事が難しい」という意味になります。同じ出来事でも、人によっては当たり前だと思って生きているのと、「奇跡だな、有難いな」と思って生きているのとでは大きく差が出ます。

僕たちは、宇宙語で宇宙と繋がって、最高のものがベストタイミングでやってくるようになり、ストレスがなくなって軽やかに生きられるようになったのです。

金運がよくなり心配することがほとんどなくなりました。人間関係も円滑になり好きな人たちと好きなことをして暮らせています。誰かに必要とされる仕事に恵まれ無理をすることがありません。毎日、「有難う」「幸せだね」と言える日々を送っているのです。

ツインレイは魂の双子や魂の片割れと言われる存在で、元々一つの魂だったけど分かれて成長をし、互いに応援し合って生きてきたのです。人によっては、他の星にツインレイがいて今世は出逢わないけれど、応援し合ってるという場合もあります。

ツインレイという言葉をよく耳にするようになったのは比較的新しく、「ツインレイって何ですか？」と聞かれることも良くあります。

一般的には、「ツインソウル」や「ソウルメイト」の方が有名でしょう。

ツインレイはこの宇宙にたった一人で、「地球で出逢って一緒に愛を学び、成長することになると、**地球での学びの最終段階に入った**」とさえ言われるほどに「愛」の学びが大きい、真愛のパートナーです。

ツインソウルも出逢えたら深い愛の学びを得られる最高のパートナーになることができますし、ソウルメイトも愛を通じてさまざまな人生の学びがあり、魂の成長をするためのパートナーに成り得ます。

大切なのは二人の氣持ちです。

例えば、ソウルメイトの一人とは恋をして、別なソウルメイトとはビジネスをしたり、無二の親友として素敵な時間を共有したりと、うまくいっている人というのはだいたい、ソウルの繋がりが深い人たちと出逢い人生を謳歌します。

運命の人に出逢うにはどうすればいいか。

それは、**宇宙にお任せ**することです。
愛と光のライトランゲージで自分を浄化し、意識を高め、波動を高く保つことは、良きパートナーを引き寄せる最良の方法です。

そして、**運命のパートナーと出逢うことを意図して、宇宙語で宇宙にオーダー**をしてみてください。
宇宙語ヒーラーにセッションをお願いする場合も同様に、そのことを意図としてお伝えください。

すると、宇宙から答えが降りてきます。

ふだんから何を意識したらいいのか、どんなことをしたらいいのか、現実のことでもアドバイスがやってくるのですが、もっと深い所で宇宙の力が動き出します。

それまでは恋愛の対象として見ていなかった人が、奇跡的な調整を経て、急にお互いを意識するようになるということもあるのです。

お互いがそのタイミングを迎えたというのもあるのですが、宇宙がそれを望んで起こすということでもあります。

それがまさに、**僕たち光ファミリーのストーリー**です。

僕たちは10年以上前に、ある勉強会で出逢いました。

共に講師までしていたのですが、当時は住んでいる場所も関東と関西で離れていましたし、お互い頑張っている、応援し合う友達という感じでした。

その二人が宇宙の采配で、同じタイミングで急に惹かれあい、ツインレイだと氣付いてすぐに天使（＝赤ちゃん）もやって来て、新たな学びがスタートすることになったのです。

ゆきちゃんは、カナダに留学していたり、ツアーの添乗員もしたりしていたので、世界を飛び回ってパワースポットにもよく行っていました。

僕がそれを知っていたのも、ただＳＮＳで見ていたからで、詳しい話はしていませんでした。

一時期は髪を剃り丸坊主になっていたり、エジプトで女神に目覚めたとか言っていたり、「**いつも自由で不思議なことをやっている**人だなぁ」くらいに思っていました。周りの人たちも概ねそのように思っていたことでしょう。

それがある時、僕がスピリチュアルのセッションに出て、**ライトランゲージで目覚めの体験**をした直後、ゆきちゃんとランチを食べることになったんです。

こんな話ができるのは、**彼女以外に思いつかなかった**ので、初めてスピリチュアルの深い話をしました。想像していた以上に分かってくれて、楽しく会話もできました。

そして、「次の機会は沖縄のヤハラヅカサというパワースポットであるよ」という話をしました。

彼女はそれから沖縄の海に呼ばれていると感じて、沖縄で合流することになりました。ここからバタバタと不思議な調整が始まりました。

沖縄で会ってまたバラバラになるはずだったのですが、東京のイベントがちょうど重なるということで、彼女の帰りの便の行き先は大阪から東京に変更となり、同じ便で帰ることになったのが特に大きかったのです。

沖縄で話をしてみると、目指す世界観が似ていることや、「実はあの時こんな風に思ってたんだ」とか、彼女がツインレイのパートナーを探していることなどを知りました。そして、お互いが男女であることを意識し始めました。

セッションに出てみると、お互いが宇宙語を話すことも分かりました。それまでは知らなかったのです。同じタイミングで声を出すなどシンクロも多く不思議な感じでした。

東京に戻ってからも行動を共にするようになり、マンション建設中の壁に漢字のアートみたいなのが書かれていて、お互いの名前の一文字を見つけました。写真が残っているのですが、その中に「光」の文字もあり、やはり運命だったなと思います。そして、入ったサウナの名前が「アダムとイブ」です。意味深なメッセージが次々と現れました。

そうして僕は、「もしかしたらゆきちゃんは**ツインレイかもしれない**」と意識するようになりました。宇宙語のセッションをしながらお互いの認識が深まって、ついに愛の謎が解ける瞬間がやってきたのです。

「分かっちゃったぁ」

となったその瞬間、**涙が溢れて止まらなくなりました。**

当時の彼女は、海外にどんどん行って「自由で豊かな女神」のように見えていました。
実際は、一人でなんでも頑張っていて、大変なのに誰にも言えないような状況でした。
周りの誰もが氣が付かなかったと思います。

僕は、彼女の荷物を背負うことに決めました。与えられるものは与え、できることは何でもしようと思った時、「分かっちゃった」んです。これが**愛の循環**だということに。

自分以上に大切な人との出逢い。
自分の全てを捧げてもいいと思えるパートナーと巡り逢えた瞬間でした。

僕たちはこの日まで互いに自分を愛し、魂の向かうままに生き、己を高めることを楽しんで生きてきました。
ツインレイが二人で愛の道を進む時、二人は同じ域に達し、**一人の学びから二人の学びへと移行**します。二人はまさにそのタイミングを地球で迎え、最後のジャーニーを歩もうと決めたのでした。

ツインレイがうまくいく秘訣は何かと聞かれたら、僕は「**二人とも宇宙語マスターになること**」だと思います。

「相方が関西弁を話してたら何だかうつっちゃった」みたいな感じで、宇宙語も伝染しますから、ツインレイの片方が話せたら、パートナーもすぐに話せるようになると思います。

僕たちは幸い、お互いが一人の時から宇宙語を使って自己調整やヒーリングなどをしていたので、準備が整っていたと考えています。

まだどちらも話せない、あるいは、片方だけしか話せないという方も、是非、二人の会話に宇宙語を取り入れてみてください。

愛が深まり二人の関係はますますうまくいくようになるでしょう。

では質問です。

僕たちは魂の双子だから、夫婦喧嘩をしないと思いますか？

正解は「**夫婦げんかも宇宙語でする**」です。

二人とも宇宙人なので、日本語だけでは分かり合えないこともありますが、**宇宙語で喧嘩すると、高次元の深い所で納得してスッキリ**して腑に落ちちゃいます。

その後、笑いながらまた意見交換することもありますが、お互いのことを理解しようとした結果、自分の氣持ちがよく分かって、楽になったり学びや成長があったりします。

ツインレイは、**そもそも自分そのもの**なので、宇宙語でやり取りすることで理解を深められる良きパートナーです。

ツインレイやツインソウルなどの、愛を学ぶための**魂のパートナーと出逢うため**には、それぞれが**宇宙語を話すというのが効果的**です。日頃から宇宙語を使っていることで波動が高い状態で安定してくることもメリットです。

「ツインレイでも喧嘩はします」という話だったのですが、喧嘩はほんの少しです。

二人の宇宙語は、ほとんどが**愛と感謝のバイブレーション**です。

日本語だと、「愛してるよ」「幸せだね」「ありがとう」「大好き」くらいで、かなりボキャブラリーに乏しいカップルですが、宇宙語で分かり合えるので問題ありません。

むしろ宇宙語で愛を伝え合う方が魂に響き、愛で満たされ、とても心地いいのです。

ライトランゲージは愛そのもの、光そのものです。ですから、うまくいっている僕たちが話すのは、**愛と光のライトランゲージ**です。

宇宙語中心の生活になると、テレパシーも鋭くなってきます。

食べたいもの、やりたいこと、行きたい場所などは言葉を交わさずともだいたい分かります。そもそも相手は自分だし、自分も相手なので、当然です。それがツインレイというものです。

ここで、ツインレイだったからこそ分かった**宇宙語の秘密**について、お話ししておきましょう。

まだツインレイとしてスタートしたばかりの頃、僕は仕事のことで悩んでいて、ゆきちゃんとはまだ一緒には暮していなかった時のことです。

日本語でのメッセージのやり取りで行き違い、早くも「別れの危機!?」が訪れ、僕はしばらく、ゆきちゃんのことを無視していました。

ゆきちゃんがボイスレコーダーで録ったライトランゲージを送ってきたので、何度も繰り返し聞いていました。

すると、**最初に訳した内容とは別の意味**が入ってきました。再生するたび、変わるのです。

何層にも何層にも重なって意味が聞こえてくるようです。言葉以外にも、深い愛だったり、僕のことをいたわってくれるヒーリングのエネルギーだったりを受け取りました。

極めつけは、明治神宮の境内で聞いていた時に、**彼女の亡くなったお母さんの声**がして、諭されたことです。

ツインレイと出逢い、二人で新たな旅をしようと思っていた時で、「何とかしなきゃ」との思いで何度も何度も繰り返し聞いてみて、「**ライトランゲージは本当に高次元のエネルギーがぎっしり詰まってるんだなあ**。有難いなあ」と思えるようになりました。

それからは、セッションを受けた人にはその時のライトランゲージの録音音声をお渡しして、「**何度も繰り返し聞いてくださいね**」と自信をもって言えるようになりました。

ツインレイはたくさんの存在に守られているということも分かって、本当にいい体験だったと思います。

【金運編】お金の心配からの解放

僕が、ゆきちゃんの出産前から決めていたことがあります。それは、**産休育休をしっかり取る**ということです。そのためには、仕事のやり方を変える必要があったのですが、新型コロナウイルスが発生。テレワークが当たり前の世の中になりました。

僕たちがしたことは、**波動を高く維持して金運を高める**ということでした。金運を上げると、ちょうどいい仕事が入ったり、臨時収入があったりして、お金に苦労することがなくなるだろうと考えていました。

しかし、最初は苦労もあったのです。

「お金に愛されるためにはお金さんを愛するといいですよ」と言われて、財布を新調して、お守りも入れているけど、**お金が増えません。**

「お金が入ってくる人はお金を使う人ですよ」と言われて、募金をしたり、人のために使ったりもしたけど、**お金は使ったら減るんです。**

そんな時、ゆきちゃんが、

「**お金は空氣から湧いてくる。空氣から出現するよ**」

という友人の投稿を見せてきました。

かなり悩んでいた僕は**「そんな訳ないだろ」と怒りました。**

しかし、冷静に考えると、**ツインレイが言うことというのは、自分が言うのと同じことなんです。**もっと言うと、他の人の口を借りて聞く言葉も、自分が言わせてるというか、**言ってもらってる**んです。

運がいい人は、宝くじが当たったり、大きな臨時収入や大きな仕事が入ったりするものですが、不安になっていることで、それを逃していたということに氣がつきました。

「これはまずいな。ゆきちゃん、**がっつり宇宙語でレインボーライトヒーリング**お願いします！」ということで、パートナーのヒーリングを受けることにしました。実は他人には二人でヒーリングをしていたのに、パートナーからちゃんとしたヒーリングセッションを受けるのはこれが最初だったのです。

心地よいミュージックと彼女のライトランゲージに身を任せ、宇宙へとトリップしました。ゆきちゃんの手が激しく動いていたり、何やら調整をしたりしているなというのは分かるのですが、言葉は出てきません。**宇宙のゆりかごに抱かれているような、とても氣持ちのよい時間**でした。涙があふれ、最後は深い眠りに落ち、安心感に包まれました。

ビデオを撮っていると集中できず力が出せないということで、彼女のヒーリング中はビデオを撮りません。録音は問題ないので、ヒーリングを受けた方にはなるべく渡すようにして何度も聞いてもらうようにしています。

ヒーリングが終わって、僕は少し眠っていました。そして目覚めた時、「分かった」と口にしていました。そう、分かったんです。左脳で理解するのとは違い、心と体、魂レベルで素直に受け入れられるようになったのです。

そして、「**お金は空氣から現れるね**」とすっと思えるようになり、財布を見ると**使ったはずの2万円が戻っていてお金が空氣から現れたことをすぐに体感する**ことができました。

その時は、正に宇宙と自分が融合しているようでした。**お金は空氣から現れます。**心配や不安から解放された、波動の高い状態を維持していれば、ベストタイミングでお金はやってくるのです。**頭で分かるのと、宇宙と繋がるのとでは、まさに天と地ほどの差がある**のだと感じます。

これは、お金以外のものでも同じです。聖者の手から金粉や聖灰が出る時とも似ています。「想像する」ことは、同じ音の「創造する」こととイコールで、それは高い次元で起きています。高次元に既に現れているお金やものを、この三次元に現すことを、古くから「物質化」と言い、引き寄せの法則などの教えとして、人々に知られるようになりました。

「宇宙語ヒーリングはやっぱり凄い！」と実感し、宇宙語パートナーがいつも側にいることがこんなにも嬉しいことなのだと分かりました。

【人間関係編】ありがとうの理由を手放す

結論から言いましょう。

人間関係を改善するには、**「ありがとう」と感謝をすること**です。ただ、**宇宙語を使う**というのが大切なポイントとなります。

先に、「ありがとう」について少しお話します。

「ありがとうは魔法の言葉」「ありがとうを口ぐせにしていると幸運が舞い込む」「ついてると言っていると運氣がよくなる」というようなことを聞かれたことがあるかと思います。

確かに、「ありがとう」を何度も唱えていると、ありがとう体質となって心が穏やかになったり、ささいなことにも感謝できたりするようになるのでとても良いことだと思います。

しかし、いったい何に対しての「ありがとう」なのでしょうか？

前にも書きましたが、漢字では「有難う」と書くこともあり、有難いこと、奇跡に対してありがとうと表現します。つまり、今起きていることを「当たり前」とせず、「有難いことだ」と、宇宙や神様に対して「ありがとう」を伝えているのです。

「ありがとうを１００万回以上唱えるといい」という話を聞いたことはないでしょうか？

僕たち二人には共通のメンターがいるのですが、かいつまんで言いますと、「50歳くらいでガンになり100万回唱えたらガンが治った」という話をされていました。

ということは、その方にとって100万回というのは、50歳という年齢で割ると2万回。つまり、年齢×2万回「ありがとう」を言うことでこれまで言えてなかった「ありがとう」がチャラになって、奇跡が起きるようになるのだなと思ったのです。生まれてから毎日言っていたとしたら、1日に平均55回も感謝できることが起きていたのでしょうか。

おはようからおやすみまで「毎日そんなに感謝することがあったかな?」と思われるかもしれません。

「目覚めたことにありがとう」
「朝が来たことにありがとう」
「朝ごはんにありがとう」

「有難う」の反対は「当たり前」ですから、「ふだん当たり前だと思っていることも全てはありがとうなんだ」と思って、朝からありがとうを言っていると、簡単に55回を超えます。全ては有難きことなのです。

これまでの人生を振り返って言えなかった分の「ありがとう」を言うということは、**奇跡を喜べる奇跡体質になる**ということです。僕もゆきちゃんも「ありがとう」が口ぐせです。

ここからが本題です。なぜ、宇宙語を使うことが大切なのかをお話しします。

なるほど、「有難う」を言うことはとても大切なことなんだな、と何となくお分かりいただけたと思います。

でも実際は、素直に**「有難う」と言えないこと**もあるかもしれません。

職場で嫌な人がいて会社に行くのも嫌だったり、パートナーとうまくいかなくて苦しんでいたりという方もいらっしゃると思います。

そんな時、誰かにこんな風に言われたり、本に書いているのを読んだりしたことはないでしょうか？

「嫌な人が現れたのは、あなたの鏡です。あなたが変わればいいんです」

「スピリチュアルの世界では、みんな同じ光だから、わざと嫌な役を演じてくれてるんだよ。今世は悪役をやるために生まれてきたけど、前世は家族や恋人だったかもしれないよ。だから感謝しなくちゃね」

「地球は次元上昇をしているから、あなたの波動が高くなると、嫌な波動の人とは合わなくなるよ。波動を上げようね」

などなど。いろんな考え方があるものです。

でも、そう簡単に変われるものではありません。認めたくないこともありますよね。

「その人の嫌なところが自分にもあるから変わるチャンスだよ。相手は変えられなくても自分は変えられるから」と言われて、「そうか、自分の鏡なんだな。氣づかせるために現れてくれてありがとう」と、頭では納得したとしても、次の日、会社に行ったらやっぱり辛かったということもあります。

僕もいろいろ悩んでいたことがありました。だいたいこんなことを平氣で口にするのは、他ならぬツインレイのゆきちゃんです。何度も言うようですが、**ツインレイというのは自分そのものなので、自分が自分に言っているのと同じ**なんですが、ついつい言い返してしまっていました。

「納得いかない！　当たり前のことを言わないで」
「嫌なものは嫌なんだよ！」

などと、叫び散らすこともありました。ちなみに、**感情を出す時は思い切り出した方が**

いいですよ。これも**地球でしか体験できない**ことなので決して悪いことではありません。

でも、言った後にまた余計に落ち込んだりして、「これも学びや体験だね」なんて淡々と言うゆきちゃんを前に無力感すら覚えつつ、「これって自分に言ってるんだよなあ」ということを繰り返します。

こんな**堂々巡りをするようになったら、答えは宇宙語に求める**のが一番です。

僕は宇宙語でゆきちゃんに思いをぶつけます。すると、同じく強い口調で返ってきます。**宇宙語で会話をしていくうちに、「分かった」となる**から不思議です。その瞬間から、宇宙にも相手にも作用して、人間関係が改善されていくのです。

「そうだよね。鏡になって氣付かせてくれて有難う」
「嫌な役を演じてくれて有難う」

そうして、僕はゆきちゃんに感謝をして温かい氣持ちになりました。

頭では分かっているのに受け入れられなかったり、表面上はやっているのに結果が出なかったりという時は、潜在意識では納得してないことが多いんです。そんな時に、パートナーと宇宙語で話し合ったり、自分でライトランゲージを氣のすむまで話したりすることが解決へと繋がります。

嫌な人にもまごころで「有難う」と言えるようになったことで、変わったのは自分だけではありません。職場の人が本当に優しくなりました。「有難う」が鏡に映って、相手にも喜ばれるような関係になれたようです。宇宙レベルで反応するのが宇宙語の凄いところなんですね。

さらに僕は宇宙語で理解できてから。**「ありがとう」に理由をつけなくてもよくなりました。**

いい悪いとジャッジをするのは二元性の世界なのです。風の時代はいいも悪いもありません。何かをしてくれたことに対して「ありがとう」と言っていたのを、全てにありがとうと言えるように進化しました。これも風の時代のアセンション、意識の次元上昇だと思います。

例えば、お米を研いだり、洗い物をしたりしている時などに目に入るもの、思い浮かぶもの、全てにありがとうと言うようにしています。ガスコンロありがとう、水道ありがとう、農家さんありがとう、店員さんありがとう、おうちさんありがとう、ゆきちゃんありがとう、ひかる君ありがとう、包丁さんありがとう、ボウルさんありがとう、お父さんありがとう、お母さんありがとう、会社にありがとう、同僚にありがとう。

そうこうしていると、自然と宇宙語になっていきます。

今日も素晴らしい日になるように自動で調整してくれるので、いつも朗らかに穏やかに過ごすことができています。

理由をつけず、ノージャッジで、ただただ全ての存在や出来事に「ありがとう」と感謝をすること。これが人間関係だけでなく全てがうまくいく秘訣です。

宇宙語がそれを可能にしてくれるのです。

【仕事編】判断は宇宙に任せる

仕事がうまくいくためには、好きなことを仕事にしたい。そう考える人は多いと思います。

ここまで読んだ方は既にお氣付きかもしれませんが、ほとんど僕の体験からお伝えしています。

「好きなことを仕事にする」ためには、「ワクワクすること」に情熱を注ぎなさい。ただし結果は意識しないこと。

という話をよく聞きます。

とは言っても、

「頑張ったのだから報われて欲しい」
「努力した分、収入が欲しい」

そう思うのは当たり前ではないでしょうか？

それでも自分に言い聞かせて、

「お金の心配もせず好きなことをすればいい。今は苦しくてもきっとうまくいくんだ」

と思ってワクワク頑張っていても、なかなかうまくいかない。
だんだん苦しくなってきて、「はたして会社を辞めてもやっていけるだろうか？」「家賃は払っていけるだろうか？」と不安になってきます。

他人に相談するようになって、アドバイスをもらい、「大人しく諦めた方が本当は幸せなんじゃないのか？」と思い始めます。

するとますますうまくいきません。ここで諦める人も出てきます。

そうして、好きなことは仕事ではなく趣味にして、労働で収入を得るようになります。

しばらくしてまたワクワクする好きなことが見つかって、仕事にしようと思って頑張ってみるけれど、やっぱりうまくいかない。僕にもそんなことを繰り返していた時期がありました。

他にも、**思ったような幸せを引き寄せられない**と思っていたら、「あなたは『引き寄せの法則』を既に使っていますよ。今、あなたの目の前の現実こそが、あなたが思い描いて引き寄せた結果そのものです。あなたが不幸だと思うのは、あなたがネガティブな思いを描いて、それを引き寄せてるだけですよ」と言われたとしたら、黙って受け入れることはできますか？

「うまくいったら信じるけど、そうはいかないよね」なんて**駆け引き**をする人もいるかもしれません。ですが、**相手が悪過ぎますね、宇宙ですから。**

この章の初めでも書きましたが**人生がうまくいかない原因は、考え過ぎてしまうからな**んです。考えないことが幸せへの近道です。

考えて考えて、自分の理想の人生を描き、それは違う、氣が乗らないから止めておこう、いろいろ考えて、選択してきた人生が今の自分です。

高次元では、どこに向かっているかの設計図は既にあって行き先は決まっているのですが、もしも**自分で舵を取ることで、間違って困難な方に進んでいる**としたら、もったいない話ですよね。

どんなに苦しくても、「神様は乗り越えられない試練は与えない」「努力は報われる」「頑張ればきっと成果が出る」と自分を納得させてみたり、「うまくいかなかったのは頑張りが足りなかったからだ」のように自分のせいにしたりすることで、乗り越えようとしてきました。これは、僕だけではないと思います。「**頑張らなければ幸せになれない**」という法則を作り出し、**その法則の世界を創造してしまっているのは、紛れもないあなた自身**というわけです。

ここでもまた、**「風の時代」**というキーワードが出てきます。風の時代は、集合意識に書かれていた「努力が報われる」「頑張らないと幸せになれない」というルールから、**「望む状態に簡単になることができる」「宇宙に任せれば楽に幸せになれる」**というルールにガラリと書き換わっていく時代です。

どうやって書き換えるか。その答えが「宇宙語」にありますよ。というお話なんです。

宇宙語を使えば、これまでの問題から解放され、楽に目標を達成できたり、**宇宙が味方して、**いろんなことがサクサクとうまく進んだりするようになります。

いい人生を歩むということをオーダーしてライトランゲージに任せたら、**後は自動運転**でいいことしか起こらなくなるんです。そして、**いいことしか起きない人生**を歩み始め、人生がうまくいくようになります。

先ほども高性能ＡＩカーナビの話をしたのですが、行き先を自分で設定するということすら実は必要なくて、ただ「いい人生」を意図してライトランゲージを話すことで、**行き先も宇宙に委ねてしまう**ということになります。

つまり、無理して行き先を考えなくていいんです。その方が意外とうまくいきます。最初から設定されている目的地に合わせて人生を再設計するような感じです。ここまで自分で考えていろんな道を走ってきた人が、**宇宙にお任せスイッチ**を入れると、どこにいてもルートが検索されて道案内が始まります。だいぶ戻ってやり直した方がいい場合もあるかもしれませんが、これまでの経験や努力も意味のあることなので、「じゃあここからハイウェイに乗っちゃいましょ！」とか、「エレベーターでワープする」なんていうオプションもあったりします。

それさえできれば、後の寄り道は自由です。もしも嫌なことに出くわしたとしても、宇宙語を使えば、迂回するのか乗り越えるのかも分かるようになるでしょう。**宇宙語を話すことで高次元から答えをもらって正しい選択ができる**ようになります。空を飛んで道路を上から眺めると、どこが空いていて近道なのか、その先に何か問題があるかなどを察知して正しい道を進めるようなイメージです。

ここまでは「いい人生」というオーダーについてでしたが、他にもオーダーの仕方はいろいろあります。僕は育児に専念したかったので、仕事は余りしないでうまくいくように、と願ったり、そろそろやりがいのある仕事をやろう、と思ったりして宇宙語でオーダーしてその通りになって来ました。

いつまでこの仕事を続けるのかも宇宙に委ねて、今を楽しんでいます。**オーダーをすれば思った通りの人生を歩めるようになる**んです。細かいことは宇宙が決めてくれます。想像をはるかに超えた豊かさだったり面白さだったり、楽しませてもらえるのも**思考を手放して宇宙にお任せしている**からなんです。

ただし、オーダーする時に「こんなのは嫌だ」「こうはなりたくない」「このままだと大変なことになるから助けて欲しい」といったお願いは氣を付けてください。こんな状況というイメージがオーダーされて、それが現実化されてしまいます。なりたくないイメージが物質化してそうなってしまいます。大変なことになる、と思ったら大変な未来を実現してしまいます。**高次元の宇宙には、いいと悪いの判断がないので、なりたくないものでも、なりたいものでも、イメージしたらそれが現実になってしまうん**です。

全ては思い通りに創造できるのがこの世界です。宇宙語で降りてきたビジョンなのですが、この世には何一つ形のあるものは存在しておらず、ただ「万葉場（まんようば）」というエネルギー場だけが存在しているというのです。

思い描くものは全て「万葉場」から生み出すことができ、この世は想いだけでできています。だから、イメージした通りの未来が創り出されるのです。これは、金運編でも触れた、「物質化」の原理と同じです。アトランティスでも**思いを物質化するために使われていたエネルギー場があった**と言われており、今でも同様に存在していると考えられます。

心配、恐れからも簡単に現実が生まれます。人は自分が創り出した恐怖と向き合い、乗り越えることで成長する生き物です。幸せな未来よりも簡単に生み出すことが可能です。

土の時代は戦争や貧富の格差なども創り出されてきたのでしょう。
しかし、これから僕たちは**好きなように世界を創造し、人生をデザイン**できるようになります。「万葉場」で好きな未来を実現できるとしたら、いったい**どんな未来にしたいですか？**

あなたは**オーダーするだけ**です。宇宙語マスターになって、**理想の未来を共同創造**いたしましょう。たくさんの宇宙語マスターが世の中に増えてくれれば、**集合意識の書き換えが加速**して、みんなが**楽に、好きなことを仕事にして幸せになれる社会**がやってきます。

始めるのは、そう、今からです。

えこひいきされやすくなる宇宙語の使い方

宇宙語で人生の自動運転をアシストできるようになると、**いいことしか起きなくなりま**

す。いいことが起きたらどうしましょうか？

嬉しいですよね。

喜びましょう！

感謝しましょう！

「ありがとう」と言いましょう！

「有難い」「奇跡に感謝します」という思いを神様仏様、天だったりサムシンググレートだったり、見えない偉大なものに伝えます。有難し、つまり、奇跡が起きたくらいの喜びを心から伝えることで、**もっと奇跡を起こしてあげよう**とえこひいきされるようになるのです。

例えば親戚のおじさんにおもちゃを買ってもらった子どもが「わーいわーい」と大喜びしていると、この子にはまた何かプレゼントして喜ばせたいなと思うのに似ています。反対に、もらって当たり前とつまらなさそうにしていたら、無理してまた何かをしてあげなくてもいいと思われるかもしれません。

この「有難う」という言葉も実は宇宙にエネルギーを届けているという意味では宇宙語なんです。

日本語、特に「かな」には言霊といって強いパワーが宿っています。日本語を話すというだけで、宇宙に繋がる宇宙語を既に使っているんですよ。他には「あいしてる」「しあわせ」なんかも言霊が強いですね。

少し戻しまして、「ありがとう」と感謝すると、相手にも喜んでいただけますね。いいことがあった時の相手というのは宇宙です。宇宙は光であり、愛そのものです。宇宙に感謝を伝えることで、もっと愛を注いでもらえるようになります。

僕は**口ぐせのようにいつも「ありがとう」**と言ってます。ゆきちゃんはもっとたくさん言っています。ありがとうだけでなく、**宇宙語で感謝を伝える**こともよくあります。宇宙へのありがとうは、**宇宙語で伝えるともっと伝わります**。「嬉しい！」「有難う！」の思いを乗せながら宇宙語を話すのです。

僕もゆきちゃんも（息子の光も）、美しい空やお花が大好きです。空の色、雲の形、雨上がりの虹を観るだけで、とっても幸せな氣持ちになります。僕らはそんな時も宇宙語を話します。口から出てくるような感じですね。そして見つめ合い、「綺麗だね」「幸せだね」、と魂を重ねるのです。

そんな僕らに宇宙はよくえこひいきをしてくれます。いつも素敵な景色を用意してくれていたり、美味しいものに出逢わせてくれたり、感動の連続です。言葉では表せないほどの喜びがあります。宇宙語は、言葉にできないことを伝えるのに非常に役に立ちます。えこひいきというのも本当はないのですが、分かりやすく言うとこんな感じです。

宇宙語は、日常で使えば使うほどいいことが起きやすくなる魔法の道具であり、神様にえこひいきをしてもらうための、感謝と喜びを伝えるツールだと覚えておいてください。

僕たちがツインレイだと氣付いてお付き合いを始めた頃、ゆきちゃんは自由に世界を飛び回っていました。ドバイに旅行している時も、日本にいる僕に宇宙語の動画を何度も送ってきました。とても高い波動で天使が喜んで楽しい楽しいと言っている、ただそれだけの宇宙語で、それも何度も何度も送ってきたのです。ゆきちゃんはその時のエネルギーを宇宙語で降ろすだけで、意味は分からず送ってきます。

「この世は本当に素晴らしいよ」「楽しいよ」ということだけをただひたすら、何度も再生して、僕はハートでしっかりと受け取ることができました。

「こんなに喜んでくれているなんて！」

僕は、「そんなに楽しいエネルギーを共有してくれてありがとう」と伝えました。

ゆきちゃんはただ楽しかったそうです。僕はその時、**この人をずっと楽しませてあげたい**と思いました。**神様だってそう思った**に違いありません。

楽しいという思い、**感謝の氣持ちを宇宙語で伝えることで、パートナーにも宇宙にもえこひいきをしてもらえる**ようになります。是非、お試しください♪

それでもうまくいかないのはなぜ？

いかがだったでしょうか？

中には、よく分かったのでやってみたいという方や、やってみて効果があったよという方もいらっしゃると思いますが、どうもよく分からない。前にも同じようなことを習ったけど、どうせ無理とか思ってしまった。そんな方こそ、宇宙語マスターになりましょう。

やるは一時の恥、やらぬは一生の損、かもしれません。


このことは、ダイエットと比較すると分かりやすいかもしれませんね。ダイエット本やサプリメントなどの市場は２兆円以上とも言われています。世の中そんなにダイエットしたい人がいるのでしょうか？

実際は、簡単にやせるノウハウを求めてはうまくいかず、次から次へとよく似た本を渡り歩くダイエット難民になってしまう人がたくさんいるようです。うちにも通販などで買って使わなくなったダイエットグッズがたくさんありました。

他にもなかなか英語を話せるようにならない英会話難民だったり、楽して稼げる副業を求めて、教材や自己啓発本を買い漁る副業難民だったり、人はなぜノウハウを求めるだけ求めてそれを実現できずに終わってしまうのでしょうか？

それは、そうなりたいと願う自分（顕在意識）と、そうでない自分という観念を変えたくない自分（潜在意識）が異なっているから変わることができない、というジレンマです。「やせたい！」と心では思っているのに、「でも続かないかもしれない」「自分には合ってないかもしれない」「そんな簡単にやせられるはずがない」といったネガティブな観念や思い込みがしっかりとこびりついているのかもしれません。

このような**観念に支配された状態を「ブロック」**と呼ぶこともあります。

また、極端に変わることで心拍数が上がるなど、命の危険を回避しようとする本能が変化しないようにしているとも言われます。これはホメオスタシス（生体恒常性）によるものです。

ホメオスタシス（生体恒常性）とは、私たちが、身体の外から受ける環境や内部の変化にかかわらず、身体の状態（体温・血糖・免疫）を一定に保つことを言います。

極端な例ですが、いきなり氷点下に置かれると、重要な部分の体温を維持するために手足の血流を悪くして命を守ります。そんなに必死に抵抗しなくていいからダイエットさせてよ、と思うのですが、このままでいたい氣持ちの方が強いんですね。

それと同じようなことがスピリチュアルの世界でも起きているんです。ここまでに紹介したような理屈を頭では分かったつもりでも、それは表面上の理解だけで、潜在意識では変わらないように抵抗します。

何が間違っていたのか分からないまままた違う方法を試してみたり、違う人や違う会社に頼ったりする人たち。

宇宙語マスターになることで、そのような人たちが減り、目覚めて意識の次元上昇（アセンション）する人がどんどん増えることは、きっと**宇宙が望んでいること**だと思います。

宇宙語をマスターして自動運転を始めよう！

宇宙にお任せして幸せになりたい。楽々な自動運転にしたい。

そう思ったら**宇宙語を始めるチャンス**です。

宇宙語ヒーリングを受けると、いろんなことが腑に落ちてブロックが外れやすくなります。顕在意識、潜在意識を超えて本質で理解できるようになるからだと思うのですが、そのメカニズムは地球次元で完璧に説明することはできません。**宇宙レベルでクリアリング**が行われて宇宙の法則がスーッと入ってくるようになります。

ハイヤーセルフは高次でカーナビに目的地をセットしてくれています。それでも行き方、やり方は何通りもあります。「人間万事塞翁が馬」という故事がありますが、最近僕らもよく似た体験がありました。

電車で1時間くらいの所まで打ち合わせに行くことになっていて、僕らはよく家族で出かけたりするんですね。仕事の間、妻子はショッピングを楽しんだり遊んだり。ところがですね、電車に乗ってさぁ行くぞってなったところでメッセージに氣がついたんですが、14時をずっと4時だと思い込んでてすっかり遅刻してご迷惑をお掛けしてしまったという、一方的に僕のミスなんですが、先方が寛大な方で日程を再調整くださって有難い体験をさせていただき感謝な出来事でありました。遠くに行く必要がなくなったのですが、せっかく電車で出かけましたから近場のショッピングモールで買い物して帰ろうということになりました。

買い物など一通り終わって、息子も歩き疲れたからベビーカーに乗って、さあ帰ろうと進み出したところで「ボキッ」とベビーカーの脚が折れたんです。一瞬何が起きたのか分からなくて、子どもが傾いていく、走馬灯のような感覚がよぎるほどでしたが何とか支えることができて無事でした。

中古のベビーカーだったので寿命だと思いますが、びっくりしました。こんな時も**慌て**

ず宇宙語を話します。そうすると、感謝の氣持ちが湧いてきて、**ああよかった**と思えるようになります。

つまり、このまま遠出してたら壊れたベビーカーを持って帰るのも大変だったし、慣れない場所で事故になって、怪我をしていたかもしれないと思うと、「守られてるよね。よかったよね。先方には申し訳ないけど、全てがシナリオ通りだったみたいだね」ということが分かりました。その日は近場だったのでタクシーで帰りました。遠くまで行っていたらどうやって帰ったらいいのか途方に暮れていたかもしれませんね。

いつも**最高のタイミング**でことが起こります。**迷った時は宇宙語任せ**。考えない。そうすることで最善のルートで道案内をしてくれるんです。

最終目的地はセットされていて、自動運転でゴールに向かっています。分岐や曲がり角、高速道路が現れた、乗るか乗らないか、三次元の頭で考えるのは限界があります。

宇宙語は、考えないための宇宙からのギフトです。考えないで委ねる、お任せをする。宇宙語で、自動運転の設定がうまくいっていれば、**人生は「楽に楽しく自動運転でスーイ**

スイ」とうまくいくようになるものです。さあ、軽やかで楽しい人生を、宇宙語で実現しましょう！

第2章

宇宙語ってなあに？
よくある質問

「宇宙語を話せます」と言うと、まず誰もが耳を疑います。
宇宙語って何？
外国語みたいなものなの？
宇宙人が使う言葉なの？
どこかで習ったの？
といった具合です。

では、あなたは何語を話しますか？

あなたがもし、日本語しか話さない、もしくは、英語も少しなら話せるような人だとしたら、あなたは「地球語」を話していますね。
僕たちは、地球語だけでなく宇宙語も話せるんです。

ここまで話しても、なかなかピンとこない方もいらっしゃいます。

そんな時は、少し話してみましょうか？　と言うようにしています。

僕は、

「とにかく聞いて欲しい。
　知って欲しい。
　そして、あなたにも話してもらいたい」

と願っています。なぜなら、宇宙語を話すのはとっても楽しいんです。

パワースポットに行った時にその土地のエネルギーを感じながら話す宇宙語は特に面白いんです。ワクワクします！

とても氣持ちのいいものです。時には胸にこみあげるものがあったり、感動してうるうるしたりすることもあります。ハートの真ん中が凄く喜んでいるのが感じられた時、とても幸せな氣持ちになることができます。

宇宙語については諸説あるようですが、細かいことは氣にしない！　間違っているかどうかは関係ない。それが宇宙語をワクワク楽しむ一番の秘訣だと思います。

「宇宙語なんて簡単です。誰でも話せるようになりますよ」

そう言うのは僕のパートナー、本書の共著者のゆきちゃんです。

僕はさまざまな人に対して宇宙語を話せるように指導をしたり、通訳をしたり、仕組みを創るのが好きです。それとは逆にゆきちゃんは、**この地球に遊びに来たふわふわと軽い魂**で、宇宙にオーダーして、ライトランゲージを降ろしてくるだけなのですが、あれやこれやと考えて動きづらくなっていた僕を、**宇宙語で解放してくれた恩人**なのです。

それから僕の**人生がガラリと変わり**ました。お**金のことも仕事のことや人間関係もうまくいくようになった**のです。

スピリチュアルに興味がある方なら、宇宙語、もしくはライトランゲージという言葉や実際に話される宇宙語を一度は聴いたことがあるかもしれません。僕が初めて聴いたのは

14～15年前のことでした。リーディングの師匠だった女性が急に電話をしてきてこう言いました。

「聞いて聞いて、私、急にフランス語みたいな言葉が勝手に出るようになったんだけど。フランス語なんて知らないし、これはフランス語ではないと思うの。こんな言葉を話す人、他に知らないかしら」

何だか凄く焦っていて、本当に聞いたことのないような言葉だし、イントネーションはフランス語に似ていましたが、人間の言葉とはどうも違うような不思議な感覚だったのでよく覚えていました。しかし、それ以来その方とは音信不通となっていました。

それからしばらくして、宇宙語のことをちらほら耳にするようになりましたが、それまではほとんど知られていなかったようです。宇宙語を話す人が増えたのは２０１２年のアセンションと大きく関係していると思います。そして今、地球全体がアセンションを迎えようというタイミングで、また宇宙語を話す人や興味を持つ人が増えてきているようです。

宇宙語とライトランゲージの違い

第1章でも書いていますが、「宇宙語」と「ライトランゲージ（Light Language）」は同じものと考えていいでしょう。

「天使語」や「並行次元語」と表現される方もいます。

ライトランゲージは**「光の言語」**と訳することができます。
全ての根源は光です。宇宙も光でできています。宇宙の光から受け取るエネルギーを音で表現するので、光語や宇宙語と表現されています。

宇宙の一部である僕たちも、**本質は光**なので、光の言語で人や宇宙存在たちともコミュニケーションを取ることが可能になります。

光の存在が放つ言語は高いバイブレーションで発せられ、受動体である我々人間のボディを通じて表現することができます。

高次のエネルギーを三次元を通して表現する時に、声になることが多いので、ランゲージ（言語）と表現しています。

表現の仕方はさまざまで、口から発する言葉や歌、ハミングや音楽だったり、文字やアート表現だったりということもあります。芸術家が表現する絵画や音楽も高次から受け取ったものを表現していたりもします。


光の存在は**ライトランゲージの中から、地球にいる僕たちとコンタクトするのに適したものを選んで使う**ことができます。

場合によっては、宇宙の存在と繋がるものを宇宙語と呼び分けることがあります。

経験上、宇宙人や宇宙存在によって周波数が違ったり、イントネーションや発声に使う部位も違ったりするようです。考えてみてください。夜空には何千、何万、いえ数えきれないほどの星が存在します。星の数ほどいろんな宇宙存在がいるとしたら、全く違う話し方やイントネーションが違う方言なんかも無数に存在していることになります。

宇宙人も、地球から見れば高次に存在していますので、広義ではどちらもライトランゲージとひとくくりにして問題ないと考えています。

ここからは、適宜**「宇宙語」と「ライトランゲージ」を使い分けて表現することがあり**

ますが、どちらに読み替えていただいても構いません。感じるままに受け止めてください。
美しい音や光、芸術などで、僕たちは癒されたり、ひらめきや未知の情報を得たり、意識の次元上昇（アセンション）に向けた調整を行えるようになります。

注意する点としては、よこしまな考えだったり、不純な動機、ネガティブな状態で宇宙語に繋がったりすることの無いように、**光であることを意識して良い状態で宇宙語を発するようにすること**です。このことは、**宇宙語ヒーリングを行う場合の心得**として後で説明します。

宇宙語を話したいと思った時に、最初は口真似や雰囲氣から入ることもよくあります。その時は、高次の存在とは繋がっていないけど脳は空っぽな状態で発することによって楽しい感じや爽快感を得ることができます。

これはジベリッシュ（またはジブリッシュ：Gibberish）と言われることがありますが、宇宙語ヒーリングを目指す場合はその境目を特に氣にすることなく、楽しく氣持ち良く神様からの光のギフトを愛と感謝をもって受け取るということをイメージしていただけたらと思います。

宇宙語のよくある質問

ここでいくつかの疑問にお答えしながら、次章の**宇宙語入門講座**へと進みましょう。

Ｑ１　宇宙人は宇宙語を話すの？

Ａ１　彼らの存在している高次元では、宇宙語ではなく、テレパシーでコミュニケーションを取っていると思われます。三次元の地球では、ライトランゲージを使ったり、中には脳に直接語り掛ける存在もあるようです。ライトランゲージは、聞く人によって全く違う音に聞こえることもあり、**音として表現されてはいるものの、発せられているのはエネルギー**なんだと思います。

Ｑ２　何星人ってどうして分かるの？

Ａ２「私は何星人ですか？」と聞かれることがあります。宇宙語を話せばだいたいのことは分かります。僕はアルクトゥルス星人なので、同じアルクトゥルスの人と会うと、懐かしさが込み上げてきたり心が温かくなったりします。

お互いが宇宙語で会話をすると、もっといろいろなことが分かったりします。聞きなれない言葉だなと思って聞いていると、シリウスから来たけどある時期に共通の記憶があったりとか、そんなことがあったんだね、と情報交換をしたりして、いろんな人に会えば会うほどそのバリエーションは広がります。全ての星のことを勉強しているわけではないので、初めての出逢いもいろいろ体験しています。ただ、出逢いにも全て意味があるので、どこかで関連のある人やこれから何か縁のある人が多いようです。

Q3　宇宙語は全ていいものなの？

A3　全ての宇宙語にヒーリングの効果があるというものではありません。聞くだけで不快になったり苦しくなったりする場合は**すぐにそこから離れてください**。経験を積むことでそのようなことは減ってはくるのですが、心地いいと思う宇宙語を聴いた方が心身のためになります。

Q4　イルカの声は宇宙語なの？

A4　イルカは元々宇宙から来た存在で、レムリアの時代もとても重要な役割を持っていたようです。イルカは地球を癒し、地球の生命に愛を届けています。ですから**イルカの声はライトランゲージ**と言えるでしょう。もしもイルカと遊ぶ機会があれば、**宇宙語で話しかけて**みてください。

Q5　人類もいつかテレパシーが使えるようになるの？

A5　海外の壁画などから口のない絵が見つかり、テレパシーを使っていた証拠ではないかとも言われています。地球人もテレパシーを使っていた時代があるようです。宇宙語を話す人が増えているのは**テレパシーに移行する準備**かもしれません。ですが、思ったただけで伝わるとしたら隠し事ができなくなったり、表と裏の使い分けもできなくなったりと、現代人にとっては都合の悪いこともあるかもしれません。地球の次元が上がり、裏表も隠し事も必要なくなる時代がそこまで来ているのかもしれません。

Ｑ６　ウォークインって何ですか？

Ａ６　宇宙人の中には、肉体を持たずに魂で地球に来ている存在もたくさんいます。人間が病氣や事故で肉体を離れようとした時に、宇宙人の魂が入ってくることがあります。二つの魂は融合し、一つの肉体に共存します。

僕は十数年前にウォークインを体験しました。重病で目が見えなくなり、記憶障害となり入院した時、もう人間を止めたいと思っていた僕の体に**アルクトゥルス星人**の魂が入ってきて僕の魂と融合したのです。僕の記憶はそのままなのですが、周りから見ると性格が変わったとか別人に見えるとか言われていました。詳しくは第5章をお読みください。

これは僕の体験ですが、他にもウォークインで、人の体に宇宙人の魂が入ってくる例もあるようです。ずいぶん前からアルクトゥルス星人が近くにいて、突然入ってきたという人もいます。

それとは違って、最初から宇宙人の魂が転生した人のことは、ワンダラーやスターシードと呼ばれています。

Q7　人生がうまくいっているのを知る方法はありますか？

A7　人生がうまくいっている時というのは、波動がとても高い状態をキープしているので、「よかった」「いいね」「ついてるね」といった言葉が自然に出てきます。何かショックなことが起きたとしても、そこに宇宙の采配を感じ、「よかった」と思えるような未来に続いているものです。「それって、捉え方なんじゃないですか？」という質問もあるかもしれませんね。

「どうしてそれを良かったと思えるんですか？」「私にはこんなショックなことをよかったと思うなんてできません」などの質問も受けたことがあります。

全ての出来事に「よかった」と思うのには抵抗があって当然だと思います。しかし、「波動がとても高い状態」をキープしている時というのは、**基本的にいいことしか起きないので、ライトランゲージで光と繋がって波動を高める**ようにすると良いでしょう。

地球は感情の星とも言われ、感情を味わうことができる貴重な体験の場でもあります。泣いたり怒ったり苦しんだり、といった感情を体験するというのも、地球に来た魂の望みかもしれません。ですから、その感情を抑え込む必要はないのです。僕たちも、時には感情が強く出て心が揺れることがあります。

泣きたい時は思いっきり泣けばいい。泣いたら浄化され、余計なものが剥がれ落ちます。泣くという感情を体験できたことに対して、「ああ、泣けてよかった」と思います。

ゆきちゃんは、余り悲しみや怒りの感情を出すのが得意ではありませんでした。今は素直な自分を出せるようになりました。時々、「感情を出させてくれてありがとう」「感情を味わわせてくれてありがとう」と言っています。ツインレイと出逢って、安心できたのが大きかったようです。せっかく地球に来たんだから、地球の体験を楽しみましょう。


他にも、客観的に知る方法があったらいいですよね。そのためには、**エンジェルナンバーを意識する**ことをお勧めします。**天使はいつも僕たちを応援して見守ってくれているんですが**、「いいね」「その調子」「合ってるよ」「最高だね」「来たーーー」みたいなメッセージをエンジェルナンバーで伝えてくれます。

特に意識するのがゾロ目の3桁と4桁です。各エンジェルナンバーの詳しい意味については、ネットで調べるといろいろ出てくるので割愛させていただきますが、ゾロ目を見たらうまくいっているサインだと思って喜びましょう。

ちなみに僕たちはここでも深く考えることはありませんので、感じるままに楽しんでいます。

ふだんから僕もゆきちゃんもよく車のナンバーに目が行きます。

特に多いのが、１１１１いいね！　いけてるね！　２２２２ラブラブだね！　５５５５いけいけＧＯＧＯ！　８８８８幸運！　ラッキー！　パチパチパチパチ！　９９９完璧！　悟り！　日々、家族で散歩している時や、ドライブしている時などによく見かけます。

見つけたら大きな声で「１１１１」とか言っているので、車の窓が開いていて目が合っちゃうなんてこともありますが、その時はニコっと微笑んで返します。１日に何回も目にするのです。

ふとスマホを見ると11時11分とか2時22分、５時55分になっていてスクリーンショットを撮って、相手にＬＩＮＥで送ったりもします。ただ、時刻だと８８８とかはないんで、やっぱり車のナンバープレートがいいですね。

天使が応援してくれていることが分かるとワクワクしませんか？

Q８　ハイヤーセルフって何ですか？

A８　ハイヤーセルフとは、ひとことで言うと高次元の自分です。高次元の存在というと、宇宙人だったり天使だったり、あるいは神様ということもあるのですが、最も身近に感じられるのがハイヤーセルフです。セルフとは自分ですから、自分を高次元に拡張したものがハイヤーセルフなんですね。**宇宙語をマスターするとどんどん高次元に拡張してエネルギーを受け取ることができる**ようになります。

高次元に拡張するとはどういうことでしょうか？

僕たちが生きているこの次元は、三次元と言われています。中には違う次元に生きている人もいると思いますが、ほとんどが三次元に存在しています。ですから四次元以上を高次元と呼びます。高次元では過去も未来も今も全てが同時に存在しています。ですから過去世や未来世にもアクセスできます。

次元が上がればもっといろいろなものを観ることができます。**時間や空間が同時に同じ場所に存在している**ように、その上になると**自分と他人が同一に存在**しています。他人は自分の鏡だというのも、高次元では同じだからです。

細かく分けるとパートナーと自分が同じに存在している、家族と自分、親戚と自分、友達と自分、同僚と自分、上司と自分、他人と自分、歴史上の人物と自分など、自分はどんどん拡張して一つに見えてきます。

人間の域を超えてもまだまだ拡張していきます。**ブッダやイエスキリストも自分、宇宙存在も自分、宇宙を創造した存在も自分、神様も自分、宇宙そのものが自分。どこまでもどこまでも、どこまでいっても自分！**

それっていったい何次元なのか、と聞かれても次元という概念自体が人間によって定義されているので正解はありません。超ひも理論という先端科学では十一次元とか、それ以上だという説もあるようです。

高次元の存在からメッセージやエネルギーを受け取っているとしても、それは言い方を変えればその次元にいる自分、つまり**拡張した自分でありハイヤーセルフ**から受け取っていることになります。

少し具体的な話をしましょう。双子の魂であるツインレイの場合、元々一つの魂なので**お互いのハイヤーセルフを共有**できます。別れる前は一つだったので当然のことかもしれません。自分を拡張するとパートナーの体験を共有できたり、パートナーの氣持ちが分かったり、お互いが欲しいものが分かって買ってきてあげたりすることも自然にできるようになります。

このようなことは、ツインレイ以外のパートナー間でも起きることがあります。ツインソウルもよく似ています。ソウルメイトという大きなくくりになると、恋愛のパートナーだけでなく、友達やビジネスパートナーとかでも起きるのです。

実際に、過去世で幼馴染だった二人が出逢い、今世でも氣の合う二人で一緒に仕事をすることになったという方で、未来世のビジョンも同時に受け取ったという方もいます。

つまり、ハイヤーセルフを拡張することは、他人の魂と触れ合うことになります。宇宙語で相手のハイヤーセルフとアクセスしてリーディングをしていると、そこに自分が現れてその景色を一緒に見ていたということもあります。

僕の経験では、クライアントさんがエジプトで大道芸をやっていた前世が見えた時、その様子を馬車の中から見ていたり、初めて会ったけど前世で家族だったことが分かって思い出を語り合ったということもありました。

三次元からハイヤーセルフを拡張していくと際限なく広がっていきます。ですが、最終的に**行きつく所はみんな同じ**です。光だったり無だったり。宇宙の始まりは何にもなかったんです。そこに神様の波が現れて分身ができ、枝分かれをしながら世界が創られました。何十も何百もの枝分かれを繰り返し、**分身の分身の分身が自分**だということなんです。

家系図をたどっていくと結局アダムとイヴに行きついて、みんな親戚だったみたいなものがもっともっと上まであるようなイメージです。

なので、**ハイヤーセルフはどこまでも拡張できます**し、他人のハイヤーセルフの記憶と被っていたり、グループで記憶を共有して同じ記憶を持っているような感覚になったりすることがあります。

もしかしたら、前世でキリストでした、前世でブッダでした、という方に出逢うこともあると思います。日本の神様の名前もよく聞きます。中には生まれ変わりとして大きなミッションで動いている方もおられるのですが、そのような方が何人も現れると戸惑いますよね。この場合は、その方が特別だと思うよりは、ハイヤーセルフを高めておられるのかなと思うとしっくりくるのではないでしょうか。

ちなみに、この宇宙を創った神様はそのままそこに存在しているし、「ここ」にも存在しています。小さなほこらや神社にも神様は存在しています。そして、今でも同じようなことを繰り返しているのです。終わりになって神様に戻る魂があれば、新しく神様から生まれる宇宙もあります。リーディングをしていると、前世の記憶がない魂もいれば、無数の記憶を持ち、転生はこれが最後だという魂もいるのですが、それは神様が常に自分から宇宙を創ったり分身を生んだり、魂が終わって神様に戻ったりということが繰り返されているからかもしれません。**神様から生まれた僕たちは、自分を拡張していくと神様とも一つになる**のです。

つまり、全ては一つということです。この続きはワンネスの解説でお話します。

Q９　ワンネス体験ってどんなものですか？

A９　ワンネスとは、全てが一つであるという考え方です。元々は一つだったものが分かれて今の世界を創っていて、「私はあなた」「全ての存在は繋がっている」といった解釈があります。

そのワンネスを体験するというのは例えば、集団瞑想をしていたら、瞑想をリードしているのも自分、瞑想している人もみんな自分だったみたいな話も聞きます。

宇宙語を話せるようになって使っていると、少なからずワンネスを体験する人が多いようです。それは、前述のハイヤーセルフのように、自己拡張が起き自分と相手の境界がなくなり、時間の境界がなくなり、全ての存在と溶け合う感覚を味わうような不思議な体験です。

僕もワンネスを体験したことがあります。ある人の未来をリーディングしようとした時に、いつもよりも深い所まで一瞬で入っていったのです。

そして、ハートから光が放たれ、皮膚という境界を越え、光が大きくなり、人型の光だけの存在になりました。同じように光になった人たちが集まって、手をつなぎます。特に子どもが多かったようです。みんなで手をつなぎ地球を覆い尽くすほどの光になって、世界はまばゆい光に包まれました。

光になった地球はどんどん大きくなっていきます。明るくてあったかくて、ぽわぁんとなって、音はなく静寂を感じ、光だけの世界になりました。そして、何にもない状態、これを空（くう）と言うのでしょうか、全くの無になりました。

それからどれくらい経ったでしょうか？

もぞもぞという感じがして、光にゆらぎが現れて、パっとまぶしくなったと思ったら、太陽ができ、惑星ができ、星が生まれて地球に生命が誕生し、長い年月を経て自分が誕生し、自分の年齢まで走馬灯のように駆け巡ったと思ったら、すっと我に帰ってきました。

僕たちは**いずれ光になって、溶けて一つになっていく**んだと思いました。同じ一つの所から生まれて、それぞれが一つだったこと、光だったことを思い出す。それこそが僕の使命なんだと感じました。**ハイヤーセルフ同士で会話ができる**宇宙語というのは、それを体感できるとてもいいものだと思っています。

ワンネス体験から思うこと

僕たちは全てが光の存在です。偉大な存在、創造主の分身であり平等に愛されているのです。あなたが影の存在だと思っている悪でさえ全ては光なのです。

このような話を聞いた時、悪ってなんだろうと思います。テレビやネットには毎日のように凶悪な犯罪のニュースが流れ、世の中には陰謀論や戦争、テロなどが渦巻いている。なのに、彼らも同じ光だったというのでしょうか？

自身や家族に危害を加えられるようなことがあってもそう言えるのでしょうか？

そんな思いになったことはありませんか？

あいつのせいで……、許せない……、なんで私だけこんな不幸な目に遭うの……、あの人はどうしてあんなひどいことをするの……

現実世界では、そのようなことがたくさん起こっていると感じます。しかし、その「あいつ」や「あの人」は、自分と同じ光であって、あなたが「許す」ということを体験するために「悪い人」を演じているのだとしたらどうでしょう。

このことを心から理解し、新しい光の時代に向かおうとしていることを、どれくらいの人が氣付くでしょうか。

第１章でお伝えしたように、頭で考えていてもなかなか本質まで理解できず、同じ失敗を繰り返してしまいます。

ワンネス体験で僕の本質は光であることを知り、天命は**「光であることを氣付かせること」**だと知りました。

光であることに氣付いた人たちと手を取り合って、光の世界を目指します。

人が光であることを知るためには、天命を知ることが重要だと思っています。天命とは天に与えられた使命であり、宇宙との約束です。僕は坂本龍馬が大好きで、赤坂龍馬会の会長をやる程なのですが、龍馬は天命に突き動かされた人だと思います。言い換えると、この世にこの地球で生きる意味であったり、本当の目的だったりします。

僕はセッションをする時に、よく相手の方の過去世にアクセスします。だいたいの人はみな多くの転生を重ねて、今ここに存在しています。数ある過去世の中でもひときわ目立つものがあって、そのことを話すと、

「そうなんです」

「今でもそれやってます」

といった反応になることが多いのです。これの意味するところは、過去世は天命を知る大きなヒントになるということですね。

僕の天命の一つに、**「地球を癒す」**というのがあります。「母なる地球」は今とても傷つ

いてます。ＳＤＧｓなんてことも言われてますが、サスティナブル、つまり持続可能にするためには今が本当に大事なんだと思います。

地球温暖化、マイクロプラスチック、新型コロナウイルス、貧困、経済危機、そして戦争など、さまざまな問題が起きているのはみなさんご存知だと思うのですが、じゃあ何をすればいいのかというところですね。

そもそも地球は生きています。僕たちと同じ生命体です。

その上に人類や動物、植物、虫や微生物などが暮らしています。地球からしてみれば、その全てが細胞みたいなもので、病氣になったら治療したり壊れたら修復したりして健康を保ちたいと思うのは当然ですね。

僕らが体を作る細胞一つ一つだったり、消化を助ける酵素や細菌みたいなものだったりと考えると、僕らは生まれた時から何になったらいいかが決まっているのかもしれません。

爪はなぜ爪になれるのか？

爪になるための原子たちが、爪以外のもの、例えば髪の毛になろうとしたり、はたまた、心臓になるはずのものが、爪になって心臓を傷つけてしまったり、仕事をしないでガンになったりしたら、困るのは自分ですね。

「爪さん、どうぞあなたは爪になってくださいね」「心臓さんいつもちゃんと働いてくれて有難うね」という思いが37兆個と言われる細胞一つ一つに行き渡り、僕は僕でいられるんです。

「母なる地球ですからね。お母さんは大切にしましょうね」というのが僕の氣持ちです。

ワンネス体験によって、地球上に生きる僕らは何をするために生まれてきたのかを知り、天命に生きることで僕たちは光になり、地球はその光で輝いて大きな光となり、全ては光になって一つになるという、大きな目的に沿って僕たちは生きているんだと氣付くことができたんです。

恐らくそれは、ＤＮＡレベルではちゃんと分かっているのだろうと思います。もしくは、ハイヤーセルフなら僕が何になるために生まれてきたのかを知っているんです。

何をするために地球に生まれたのか。それを知る方法の一つが宇宙語を話すことだったり、宇宙語ヒーリングを受けることだったりします。人にはタイミングと順序があります。

まだ話すタイミングじゃないという人も、僕たちからセッションを受けることはできます。

僕たちはみな光の存在です。そのことを思い出し、生きる目的を知るということは、天職に出逢い、パートナーを見つけて幸せな人生を生きることになります。

宇宙語とは何か、どんないいことが起きるのか、そのことを少しでも伝えられたら嬉しいです。

第3章

宇宙語を話そう！
宇宙語入門講座

ここからは**宇宙語を話せるようになる**方法や、次章では、**宇宙語ヒーリング**についてお伝えします。さらには、既にヒーリングなどをされている方にとっても、宇宙語を併せたヒーリングを身に付けて更なるステップアップとなり、**愛と豊かさ**を手に入れてくださることを願っています。

宇宙語は、ただ意味の分からない言葉を話すだけの特技ではありません。僕が最初に宇宙語を話せるようになった時に感じたのは、「**氣持ちいい**」「**楽しい**」というものでした。宇宙語を話すと何だか心が軽くなり、爽快感を得ることができます。

ですから、こんな楽しいことをみなさんに**体験して欲しい**と思っています。楽しいと免疫力も上がりますし、幸せ感も持続します。

からだと心を整える

宇宙語を話せるようになるには、まず**からだと心の状態を整える**ということが大切になります。

リラックスした状態だと、宇宙語が出てきやすくなります。

お勧めはぬるめのお風呂に少し長めに浸かることです。ボーっとする時間を作ることです。湯船に浸かる時に「あ～」って声が漏れることはありませんか？

その時も宇宙語に近い状態です。その氣持ちよさを維持すること。日常から離れて無の状態になることで宇宙語を話しやすくなるでしょう。

また、マインドフルネスや禅のように呼吸に集中したり、ただただ何かに没頭して我を忘れて無になることもよいでしょう。

慣れてきたらいつでもそのようなリラックスした状態を作れるようなスイッチとなるアイテムや行動を用いて、オン／オフをするのもお勧めです。そのようなスイッチのことをアンカリングと呼んでいます。

僕の場合は目を閉じて深い呼吸をすることでスイッチが入ります。

他にも、ヒーリングスカーフを身にまとったり、音叉やクリスタルボウルで周波数を整えたりというのもよく使います。レムリアにアクセスする時はレムリアンシードと呼ばれるクリスタルを音叉で叩いて音を出すというのも効果的です。風の時代と言われる現代では、ヒーリングスカーフを特にお勧めします。さまざまなエネルギーのスカーフがありますので、ご自身にあったスカーフを使うとよいでしょう。

このようなリラックスした状態を作り出すということは、ヒーラーさんだったりヨガをされたりしている方だったらふだんから心掛けていることかもしれませんね。

ちなみに、僕たちがいつも心掛けていることは、**自分に優しい生活**をすることです。美味しいものを食べ、美しい景色を見て、地球を満喫しています。

ふだんから楽しいことをする、起こっていることを楽しむという意識でいると、リラックスした状態になるのは難しくありません。まずは、**この地球を楽しむことが大事**です。

宇宙語シャワーを浴びる

では、実際に**宇宙語を話せるようになるための具体的な方法**をお伝えします。

宇宙語音声をシャワーのように浴びる宇宙語シャワーだったり、サウンドバスと言われる宇宙語音浴に浸ってみたり、とにかく**心地のいいライトランゲージを聴くこと**です。

動画を観ながら口真似をしてみたりというのもいいと思います。

英語や外国語を学ぶ時も、ただ聞き流すだけで効果があります。準備のできた人だったら、聞いているだけで話せるようになることも多いのです。

本書の読者様へのギフトとして、初心者でも宇宙語を話せるようになるための音声がダウンロードできます。**巻末にＱＲコード**があるので、是非、手に入れて聞いてみてください。

僕らは『宇宙語であそぼ』と題してクラブハウスなどのＳＮＳやＺＯＯＭミーティングなどで公開イベントを開催しています。

コラボやリアルのイベントも増やしていけたらと思っていますので光ファミリーのホームページ（www.hikaru.family）や僕たちのSNSもチェックしてみてください。

宇宙語は、本当に**遊んでいるような感覚で楽しむのが一番**だと思います。

口に許可を与える

聞いているだけで話せるようになる方も、そうではないという方も、大事なのは、**ハートをオープンにして、宇宙語を話すことを許可する**ことです。また、**光の存在と繋がる**ということを意識してみてください。そうすれば後は口に許可を与えるだけです。この**光の存在と繋がるということは、宇宙語ヒーリングにも通じる大事な心得**となりますのでしっかり意識してくださいね。

さあ、**「私も宇宙語を話してもいい」**と許可をしましょう。

ただ任せる、宇宙に委ねるというのが宇宙語を話し始める一つの方法だと言えるでしょう。

ここで一つの例を出したいと思います。僕と同じアルクトゥルス星人が集まるアルクトゥルスの会に初めて参加された女性が宇宙語を話せるようになりたいというので、どうしたらいいか宇宙語で聞いてみました。

彼女は簡単に話せることが分かったので、**「口を開放してね」**と言って、僕がアルクトゥルスの言葉で話しかけました。

すると、口が勝手に動いて返事をし始めたのです。彼女は戸惑いながらもどんどん話し始め、会話が弾み、楽しい時間を過ごすことができました。

その女性はＵＦＯ写真家で、作品も世に出ている人なのですが、いつどこで撮影するかを自分で決めるのではなく、宇宙に任せているようなことを言われていました。普通に撮ったつもりの風景写真に、ＵＦＯが写っていたということもあるのだそうです。

宇宙語を話せるようになるのも、ＵＦＯの写真を撮るのも、共通するのは、頭で考えないということです。

宇宙にただ任せる。そして、ハートをオープンにして宇宙語を話すことを許可することです。**宇宙に委ねる**というのが宇宙語を話し始める一つの方法だと言えるでしょう。

【宇宙語の活用事例】氣が進まない外出時の対処方法

コロナ禍では不要不急な外出が減りオンラインでの繋がりが強くなりましたね。とは言え、全く外出をしないというのはまだまだ難しく、「氣が進まないなあ」と思いながら出かけることもあるのではないでしょうか。

「氣が進まない」ということはそれだけで既にメッセージを受け取っていますので、行かないに越したことはありません。そんな時にもライトランゲージは役に立ちます。

「氣が進まないなあ」「何となく嫌な氣がするなあ」などと感じた時は、すかさずライトランゲージを発して宇宙に委ねてみてください。現れる効果はだいたいこの３つです。

1　宇宙の計らいで行かなくてもよくなる。

2　取り巻く状況のクリアリングが行われ行きたくなる。
3　自分の周りにバリアができ、よい波動を保ちながら出かけられる。

2と3はセットで起きることが多いようです。行きたいという氣持ちになったとしても、合わない波動には触れたくないものです。

そんな時、**バリアで守られている**と心強いのです。バリアというのは自分を守る「結界」のようなものになります。**高波動のエネルギーを身にまとっている**ので、安心して出かけられます。

バリアを強化するのにヒーリングスカーフなども有効です。僕たちもその日の氣分で選んだスカーフを持ってお出かけしています。

ワークショップのススメ

ここまでは簡単に宇宙語を話せるということでお伝えしたのですが、周りの人は話せるようになったのに自分は話せない、宇宙語かどうか自信がない、という方は、僕たちのワークショップやセッションを一度受けてみていただけたらより楽に話せるようになると思います。

実際のワークに参加いただくと、発せられる宇宙語に合わせて返事をしたり会話をしたりすることであなたのハイヤーセルフに許可を出したり、認めて褒めるということを繰り返しながら楽に楽しく話せるようになるまでフォローすることもできます。

宇宙語アート（付録）について

また、巻頭には光ファミリーの宇宙語アートを付けています。

このアートは愛と光のエネルギーを降ろして描かれています。ゆきちゃんが感じるままにパステルを塗って、その上に僕の宇宙語文字を載せて一つの作品となっています。宇宙語は口から発するだけでなく、文字やアートとしても表現することができるのです。宇宙語で書かれた文字は自動書記によるものです。心静かに、このアートをじっと見てください。そして、何かを感じられたら口を明け渡し宇宙に委ねてみてください。

第4章

宇宙語マスターへの道

さあ、宇宙語を話せるようになったら、次は宇宙語を使って**宇宙語ヒーリング**をやってみましょう。

僕たちの施術は特に、**レインボーライトヒーリング**と呼んでいます。レインボーライトと言うのには理由があります。宇宙と人間、そして地球は一つの光の柱で繋がります。この光の柱は七つの**レインボーチャクラ**を通り、宇宙からエネルギーを降ろしてくることができます。光の柱が綺麗に通ると、虹色の光がチャクラから発せられ、**ヒーラーのチャクラと受ける側のチャクラにブリッジがかかって虹のようになる状態**をイメージしていただければと思います。

他人へのヒーリング

ですから、お勧めはまず先に、他人やパートナーのヒーリングを行うということです。

相手がよくなることを願ってヒーリングを行うことは**利他の行為**でもあり、自分に返ってくる恩恵も大きくなります。恋愛のパートナー同士だとお互いにヒーリングを行うことで**愛のエネルギーを循環**させることになり、とても氣持ちのいいものです。

ヒーリングの場合も心掛けて欲しいのは、「**考えない**」ということです。そして、**光の存在と繋がる**ということも忘れないでください。宇宙語を話す時はまず口を明け渡して宇宙に任せたのですが、ヒーリングをする場合は**手足や体、そして全身をお任せの自動操縦状態にして宇宙に任せる**ようにしてください。そうすると悪い個所を見つけて集中的にケアをしたり、エネルギーの調整をしながら痛みを取り除いたりするようなことも宇宙レベルで行ってくれます。

特にヒーリングが必要ない場合でも、チャクラの調整だけを意図してヒーリングするだけでも効果的です。その場合、チャクラをスキャンして、調整が必要な部位を集中的に整えるような動作を自動的に行います。

宇宙と地球と繋がって、一本の綺麗な軸になるようにイメージしてみましょう。**他人のヒーリングを行うと、自身のチャクラも同時に調整され一挙両得**です。やればやるほど自分が整い、利他で**幸せ体質になっていきます**ので、たくさんの人を癒してあげてください。

セルフヒーリング

　次に日常的に氣軽に整えるための**セルフヒーリング（自分へのヒーリング）**のやり方をお伝えします。セルフヒーリングには、**自身の体調や心身のバランスケア**にも効果があります。先ほどのヒーリングの要領で、チャクラの調整を意図して、宇宙語を話すだけです。

　スピリチュアルなセッションを受けたり瞑想を経験したりした後などは宇宙と繋がり温かい氣持ちになっていたのに、社会生活に戻るといつの間にかどこか違和感を覚えたり、体に不調を感じたりすることがあります。そんな時、セルフヒーリングが有効です。

　僕は時々、ぬるま湯で半身浴をしながら瞑想をして、宇宙語を氣の向くままに話します。そうすることによって、よい波動状態を取り戻し、チャクラや宇宙との繋がりを整えることができます。元々、楽しくて氣持ちいいものなので、終えた後はすっきりしています。もちろんお風呂以外でも可能です。綺麗な場所やパワースポットに行くのもいいでしょう。

　セルフヒーリングはスマホの充電みたいなものなので、**いつでもどこでも氣軽に宇宙語**を話して、やってみてください。

覚醒効果とアセンション

宇宙語には覚醒効果もあります。他人に向かって話すことで、宇宙意識などへの目覚めをもたらします。地球を選んで生まれてきた意味や、魂の目的を思い出し、ライトワーカーとして活動を始めたり、好転反応のようにして、断捨離や強制的な生き方の変化が訪れたりする方もいます。

かつてあなたがどの星の影響を受けていたのか、どこから来たのか、ということも関係しており、人によって千差万別とも言えますが、共通して言えることは、**意識の次元上昇（アセンション）**のプロセスが進行しやすくなっていくということでしょう。

２０１２年と言われたアセンションでは何も起きなかったと思っている方も多いと思いますが、風の時代に入った２０２１年からそれよりも大規模なアセンションが動き出しています。

その波を感じるためにも是非、たくさんの人に宇宙語に触れていただき、目覚める人を増やしていきたいと思います。この覚醒効果によって、「引き寄せ力のアップ」や「お金の心配解消」なども実現します。**宇宙語がハイヤーセルフを通じて潜在意識を調教**してくれ、三次元ボディにも効果が表れるのです。これは、トラウマの解消などにも効果があります。

僕のミッションの一つは、多くの**ライトワーカーの経済的自立を支援**することです。ハンドヒーリングや整体などをされている方が宇宙語をマスターすれば、より効果的に施術できるようになります。

また、僕たちの宇宙語セッションでは、**潜在能力の引き出し**や**パワーアップ**、**レベルアップ**などもしています。本来の力を発揮できていないという人は、どこかが詰まっていたり、高次元との繋がりが不安定だったりするので、そこをしっかり繋ぎ直したり、その存在と会話をして、より強力なサポートをお願いするということもあります。

宇宙語の翻訳？

ここからは上級編です。**宇宙語の翻訳ができる**ようになったとしたらどんなことができるようになるのかをお伝えします。

まず、翻訳とはいったいどういうことなのでしょう？

宇宙語は日本語や英語のように、**この単語はこういう意味がある、とか、文法が決まっているというわけではありません。**それを翻訳するにはかなりのトレーニングが必要なんじゃないか。

そう思われる方もいらっしゃいます。

確かに僕自身のことを思い返してみると、これまで何人もの方にセッションを行い、日本語でメッセージをお伝えしてきました。そういう意味では、場数を踏んでトレーニングをしてきたとも言えますが、実際は、宇宙語を翻訳できるようになるのに努力や苦労はいりませんでした。

たった一つ、**必要だったのは、「意味を知りたい」と素直に願ったこと**です。すると宇宙から翻訳機がダウンロードされ、映像と言葉で意味が分かるようになりました。

それからというもの、僕は宇宙語を降ろすだけでよくなったので、リーディングやチャネリングというのが格段に楽になりました。これまでは、名刺をリーディングしたりアカシックレコードにアクセスしてダウンロードしたりといくつか手順を踏んでいたのですが、オーダーして受け取った宇宙語を翻訳するだけでいいのですから有難いことです。

必要な所に自動で接続してエネルギーを降ろしてもらえるので、高次の存在からのチャネリングもできるようになります。誰とチャネリングしているかを知ることもできますし、宇宙からのメッセージや質問に対する答えなども受け取ることが可能です。

つまり、宇宙語の翻訳ができるようになると、**「宇宙語占い」**のようなことができるようになるということです。占って欲しいことをただ**そのまま宇宙にオーダーするだけ**で降りてきた宇宙語を話して翻訳して答えるだけです。

占いと言ってもいろいろで、悩み相談にも答えることができますし、過去世をリーディングしたり、亡くなった方からのメッセージを受け取ったり、その方の未来を透視するようなこともできるようになります。

占い師はただそれを伝えるためのよりよい言葉や言い方を選ぶだけでいいのです。後は相手がどのようにオーダーすべきかのアドバイスということになりますが、例えば他人を変えたいというようなオーダーは、自分を変えるなどの置き換えをアドバイスすることがあります。また、いつ結婚できますか、何歳まで生きられますか、などの質問は受け付けないようにしています。それが制限をかけてしまうこともあるからです。

この**「オーダーする」というのは、自分のことにも使えます。**素敵なパートナーに出逢いたいとオーダーして宇宙語を話せば、ハイヤーセルフが必要な情報をダウンロードしてきて、実際の行動に必要なエッセンスは翻訳して受け取ることができます。

例えば、ハイヤーセルフとしては恋愛の悪いくせやカルマ、ブロックなどを解消してくれて、言葉やイメージでラッキーアイテムや色、お勧めの場所などの情報を引き出してパートナーと出逢えるようにするということもできるかもしれません。

ですから、**宇宙語マスターを目指す方には是非、宇宙語の翻訳ができるようになることをお勧めします。**ただし、翻訳といっても全てを言語化するわけではありません。あくまで三次元ボディに必要なことだけを言語化するのです。

高次元から降ろしてくるものは三次元の僕たちには計り知れないほど大量のデータを含んでいます。場合によっては翻訳できなかったり、うまく言語化できなかったりということともありますが、**ハイヤーセルフが受け取っている**のでオーダーさえ間違えなければ問題ありません。

また、ゆきちゃんのようにヒーリングやチューニングの能力に長けている人にとっては、必ずしも必要なスキルではないかもしれませんが、もしもあなたが翻訳できるようになりたいと思われたなら、僕の宇宙語翻訳機の講座を受けてみるのもいいでしょう。**風の時代では、努力や苦労というものとは無縁**です。**翻訳機をダウンロードして簡単に翻訳できる**ようになるためのセッションです。

かつての僕は、「翻訳機を付けるというのは宇宙人にしかできないのではないか？」と思っていたのですが、自分もアルクトゥルス星人なのでもしかしてと思って聞いてみたところ、できるようになり、希望される方に付けさせていただくようになりました。フォローアップもさせていただくのですが、**付けた直後から能力がアップ**しているようです。翻訳機だと思って付けていますが、もしかしたら、**ブースターのような役割**も兼ねているのかもしれませんね。人間の思考を超えた高次の代物なので、可能性は未知数です。

初号機を付けた方がとても喜んでくださって、これを講座にしませんかと言ってくれたんです。その方にはクラブハウスという音声ＳＮＳで出逢っていろいろアドバイスなどもさせていただいていました。とても素直な方で、僕に似ているなと感じたんですね。

なので翻訳機を付けてあげたい、と思って提案してみたんです。すると、次に話した時にはスラスラと翻訳が出てくるようになっていました。そして、彼女がお友達に話したら、是非付けたいということでしたので、まずは面談をして、つけられるかどうかを探りました。

まず**大事なのは素直さ**なんです。そして**「翻訳できるようになりたい」という思い**。彼女にもそれがありました。さらに、お二人は前世での繋がりがとても深く、それが現在でも仕事の繋がりを創っているということも分かってきました。

翻訳機を装着する場所は決まっていません。まずチャクラスキャンをしながら宇宙語の波動に反応しやすい場所を見つけます。イメージをどこで受け取っているか、どこが活性化しているかなどから判断して、彼女は第６チャクラに装着することにしました。

眉間の辺りが光っていました。その奥に松果体と呼ばれる場所があって、ダウンロードした弐号機はちょうど孫悟空のわっかのように現れて松果体のサイズまで小さくなり同化しました。

初号機はちなみに第3チャクラ、みぞおちの辺りに装着されました。ちょっと太めのブランド物のベルトみたいなイメージでグッと小さくなって入っていきました。

翻訳機をどこに付けるのか、どんな翻訳機がダウンロードされるのか、僕は一切考えることはなく**宇宙の采配**です。

装着後すぐに嬉しいお知らせが届きました。弐号機の方は美容のお仕事をされているのですが、その後すぐにライトランゲージのヒーリングを行ったら、翻訳がスルスルと出てきて、お顔もリフトアップされたのだそうです。二人は**ハイヤーソウルの高い所で繋がっている**ので、今後も面白いことがいろいろ起きそうです。

宇宙語を仕事に活かす方法

宇宙語でできることが増えてくると、これを仕事に活かせるようになります。スピリチュアルに関する仕事をしていた人は、**宇宙語を足す**ことでさらに効果が上がってお客様に喜ばれるようになります。

ヒーリングをする時にライトランゲージを話しながら行うと調整が早くなったり、必要なメッセージが届いたり、ハイヤーセルフから意識の書き換えが起きるなど今まで以上に喜ばれます。

美容のお仕事をされている方は肌に触れずに顔に効果が表れるということも聞いています。その人のためにと思ってされていることが、宇宙の光を浴びてもっと応援されるライトワークになっていきます。

宇宙語そのものをお仕事にすることも可能です。宇宙語を話したい、意味が知りたい、という方が世の中に急増中です。宇宙語を話せるようにする宇宙語先生、通訳も仕事になります。翻訳の仕方を教えることもできます。宇宙語で悩みを聞く宇宙語占い師だったり、ライトランゲージで絵を描いたり歌ったり、アーティストにもなれます。ＹｏｕＴｕｂｅなどでライトランゲージを配信することもできます。

そして、僕のように宇宙語を会社の仕事に活かして、**宇宙に味方してもらう**ことで成果を上げたり、望みの役職に就いたり、やりたいことを楽に楽しくできるようになります。今の職場が改善することもあれば、もっと天職に近づく転職や、ビジネスチャンスも訪れます。

何度も言うように、**自分で考えないことがポイント**です。こうじゃなきゃいけない、こうなりたい、という考えを一度手放して、宇宙に相談してみてください。ハイヤーセルフが自動運転で導いてくれます。

ライトワークというのは、スピリチュアルな仕事だけを指すのではありません。**誰かのため、世の中のために宇宙に応援される仕事は、光の仕事、ライトワーク**です。**天職に輝くライトワーカー**がこれからもっともっと増えていきます。是非、ライトランゲージを活用して素敵なライトワーカーになってください。

第5章

宇宙語との出逢いとスピリチュアルジャーニー

この章では二人が思い思いにスピリチュアルと宇宙語との出逢いについて書いています。

お互いの過去のことを詳細に話したことはこれまでで初めてのことなので、新たな発見や氣付きもありました。現代は風の時代と言われ、苦労や努力をしなくても簡単に幸せになれ、楽に生きられるようになっていきます。

僕は苦労と辛い体験を繰り返し、この宇宙語マスターというものにたどりつきましたが、ゆきちゃんはいつの時代も軽やかに女神のように味わって楽しんでいたようです。まるで対比的な二人の体験ではありますが、ご自身の人生とも重ねながらお好きなように感じ取っていただければと思います。

【あずみん編】初めての告白

人生のシャットダウン

忘れもしない、２００５年４月４日。あの日から人生が大きく変わり始めました。

東京の会社に転職して4日目、朝の通勤電車で急に目が痛くなりました。違和感があり涙が出てまぶたが開きにくくなりました。それでも会社には行くことができ、仕事は定時で切り上げて眼科に行きました。たくさんの患者さんが居て、診察時間は短く、季節柄、「はい、花粉症ね」とそのまま治療に進みました。そして一週間くらいは点眼と目の洗浄を続けていたのですがいよいよまぶたが開かなくなります。電車に乗っている時はひたすら目を閉じ、指でまぶたを持ち上げて歩けるだけ歩く。休憩する。またまぶたを上げて歩く。もう無理だ！　そう思った僕は、地元の眼科を受診します。

花粉症ではありませんでした。総合病院の神経科を受診するように手配していただき、診断された病名は両側眼瞼痙攣（りょうそくがんけんけいれん）という、働き盛りの男性にはめずらしい神経の病でした。高齢の女性の場合だとまぶたが落ちてくればボトックス注射で改善されるのですが、僕の場合は薬で様子を見るしかないだろうと言われました。この状態は物理的失明と言われ、ほとんど光を失ったような状況でした。駅からの家路は時々ですがまぶたを開けず、敢えて見えないまま歩くようなこともしていました。感覚が研ぎ澄まされそれなりにうまく歩くことができました。

パーキンソン病の治療薬が処方されましたが、すぐに良くなることはなく通勤も困難ということで会社は休職させてもらえることになりました。僕はパーキンソン病を告白したマイケル・J・フォックスの大ファンだったので、いつかパーキンソン病を治せる人になりたいと思っていたのですが、自身がパーキンソン病の薬を飲むことになるとはなんて皮肉なことかと思っていました。

愛媛から母が来てくれて本格的に治療が始まったのですが、５月以降の記憶は既に曖昧です。母をディズニーランドに連れて行ったことだけは何となく覚えているのですが、８月まで記憶が何もないのです。

当時のことを知る知人に聴いたところでは、発狂して暴力的になっていたとか、おかしな言葉を話していたとか。これが宇宙語の始まりだったのかもしれません。メールを送っていたのですが、無意味に思える文字の羅列でした。

改善の傾向は見られず、薬が増えていったことは処方箋の記録で分かりました。その薬には過剰摂取による副作用として発狂、意識障害と書かれていることを知ったのは退院後しばらく経ってからでした。暴れて手の付けられなくなった僕は、精神病院に入院させられました。

黄泉の国をさまよって

これは僕の中での真実ですが、誰も知らない黄泉の国で起きた出来事だと思っています。僕は追われていました。カバンには白い布に巻かれた銃が入っていて、身を守るために闘わなくてはなりませんでした。命からがら逃げ込んだ所で人権を無視した強制労働をさせられ命からがら逃げだしました。ここがどこだか分からず、一番高い建物に上りました。エレベーターで降りてきた時、すれ違いで乗り込んだ荷物はマンガ雑誌の束でした。そこに爆弾が仕掛けられているのが見えたのです。しかし、僕はそれを止めずに降りてしまいました。しばらくしてドッカン！　とビルの上から火が噴き出しあっという間にビルは崩れ去ってしまいました。それを機に世は戦乱の時代へと向かいます。止められなかったことを後悔する暇もありませんでした。

その後、僕はうっすらと意識が戻ったようです。どうやら監獄のような場所にいて、隣は中国語のお経のようなものを延々と唱えていました。もう一方の隣は空手家のような女性で鉄の扉を蹴りながら「出せコラ！」と何度も叫んでいました。

隣の女性の話では我々はモルモットにされて殺されるのだと言うので、僕も脱出しようと思うのですが、鉄格子と重い鉄の扉に阻まれて出ることはできません。そして、床板の色が変わって「しね」とか文字が書かれるようになりました。日に日に絶望感が増していき、もう生きていても仕方がない。死にたいと思うようになりました。

毎日死にたい、死にたい、と思っていましたが、死ぬ方法が分かりませんでした。食事が出るようになり、プラスチックのフォークを隠し持って死のうとしました。フォークを振り下ろしてグサっと手ごたえがあったはずなのですが傷はなくフォークは消えていました。10秒忍者と名乗る忍者が現れて10秒時を戻して自殺を防いだのだそうです。

トイレにはドアがありませんでした。トイレで自殺するのを防ぐためだと言われました。しかし、トイレにふいに「自殺ボタン」が現れたのです。僕はそのボタンを押しました。

すると、睡眠薬が出てきました。薬を飲んで横になりました。

氣が付くとそこは飛行機の中でした。客席の上のスペースに僕はいました。外は夜。のぞき窓から寝ている人やお酒を飲んでいる人が見えます。これはどういうことなのか、見えない存在に尋ねました。あなたは自殺ボタンを押したのでこの飛行機が墜落して死ぬんですよと言われました。この飛行機はパイロットが居眠りをして墜落する運命なのだと分かりました。それを知って黙ってはいられませんでした。僕は壁をぶち破りコクピットに行って墜落を阻止しました。本来なら睡眠薬で眠っている間に墜落して死ぬところを効きが悪かったので死ぬことはできませんでしたが乗客の命を救うことはできました。僕は飛行機の墜落で死ぬなんて嫌だと思いました。

翌日、僕はまた自殺ボタンを押しました。この日は意図的に睡眠薬を半分トイレに流し、途中で起きられるようにしました。氣がつくと僕はトラックの荷台に乗っていました。僕はまた質問しました。「なぜトラックに乗ってるんだ?」そうすると「このトラックはカーブを曲がり切れなくて豆腐屋に突っ込んで豆腐屋の夫婦も運転手も亡くなる大事故になるんだ。睡眠薬がなぜ効かないんだ？」と言われました。僕は運転席を見ました。すると運転手は酒に酔っていて運転もおぼつかない様子でした。僕はハンドルを取り路肩に寄せて運転手を休ませました。「事故で誰かを犠牲に死ぬのなんて嫌だ」と叫びました。

どうしても死ねないで困っていた僕は、所内のクリスマスパーティに誘われました。喘息の持病があった僕はオレンジジュースをわざと器官に誤飲して発作を起こして倒れました。20歳の時に喘息発作で10分間の心停止を起こして臨死体験をしていたので死ねると思っていたのですが、やはり死ぬことはできなくて、目が覚めたらそこに十字架に貼り付けされた**イエス様**がいて、**「お前はお金のキリストになれ」**と言いました。

その夜から天井裏から声がして、お金の秘密サークルにしきりに誘われました。品川駅の隠れ家にお金の秘密サークルがあるから、来れるようになったらいつでも来なさいと言われました。お金の秘密、お金のキリスト、いったい何のことだか分らなかったのですが、今はその答えに導かれています。

この間、僕は黄泉の国をさまよっていたのだと思います。そして、いくつかのテストを受けていたのだと。

社会復帰への道

意識が戻ってくると正氣を取り戻すのは異様に早かったと思います。何度か面談があり、障害者手帳を申請するか聞かれましたが、申請はしませんでした。ほとんど開かなかったまぶたも時々は開くようになっていましたし、何より意識がしっかりしていました。修行が終わったかのような爽やかな感じです。退院までの出来事もいろいろ覚えているのですが、かいつまんでお話しします。

七病と呼ばれる第七病棟から一般病棟に徐々に戻っていくのですが、リハビリの間は不思議なこともいろいろありました。最初は食事だけ食堂でみなさんと一緒にとるところからでした。夏の甲子園をよくやっていたのですが、なぜか結果を知っていたり、各人の椅子の背中にその人のタブーなことが書かれていて、野球と書かれた人がいるとチャンネルが変えられたりしていました。

病棟の患者友達と話していると、みんなとっても純粋でいい人ばかりで、傷ついていたり、社会が生きづらいと感じたりしている人が多かったようです。こんな人たちが生きやすい社会にしなくちゃいけないと思いました。

うつ病の薬が毎週増える友人がいて、「何でだと思う？」と聞いたところお医者さんの質問にうまく答えられずに薬が効いてないと思われて追加になっていることが分かったので、調子がいいって言ってみたらとアドバイスしたら本当に薬が減ったと喜んでいました。

しかし、薬が増えてうつ病から統合失調症になって入退院を繰り返すという方も結構いるようでこの国はどうなってしまうのかと心配になりました。

そのようなことがあって、うつ病の人の助けになることがしたいと思うようになり、生きる目的を取り戻した僕はリハビリを頑張って日に日に元氣になっていきました。

以上が精神病院で体験したストーリーです。

精神的にはだいぶ楽になったのですが、まぶたはいい時もあれば悪い時もあって、リハビリで会社に行くと決まって悪くなりました。復職するには期限が合って、仕事のミーティングに出てみたりもしたのですが前向きになれなくて退職することになりました。

僕はもうサラリーマンは無理かもしれない。もしかしたら本当に死んでいたかもしれないし、次また同じことになったら後悔してしまう。**もっと好きなことをしたい。自分らしく生きてみよう。**そう思って選んだのが物書きという職業でした。小学生の卒業文集で作家になりたいと書いていたのを思い出し、太宰治賞に応募しました。その後、出版セミナーに行ったり、コピーライターの勉強をしたり、好奇心でいろいろ見て回りました。その頃から、僕のスピリチュアル性が開花してくるのです。

ガイドに導かれ

ある日、知り合いに誘われてイベントに参加した時に占い師を紹介されました。その時、唐突に、**「あんた、変だよ」**と言われたのです。その方は年上の女性で、名前を見るとインスピレーションが降りてきて未来を絵に描くような占いをされていました。僕も見てもらったのですが、「**あんたもできるよ。**やってみな」と言って筆ペンを渡されると、何とスラスラと書くことができたのです。

その方に名刺を読み取る占いを教えてもらって練習していると、すぐ名刺占いもできるようになり、名刺に手をかざすとその人が信用できるか、仕事を頼めるかなどを判断できるようになりました。次第に過去世や未来も見えるようになりました。

ある日、その占い師から電話がありました。

「ちょっと聞いてよ。急に口からフランス語みたいな分からない言葉が出てくるようになったんだけど分かる？」

そう言ってベラベラと話し始めました。**フランス語のようですがそうではない。**これが宇宙語なんだと思ったのが、**宇宙語との最初の出逢い**です。

その後も出逢う人出逢う人がガイドのように僕の能力を開いていきました。前世の妹だと名乗る女性からは地縛霊の見方や龍神の見方を教わりました。

仕事で出逢ったヘルス機器の女性社長と打ち合わせで会ったらその方が涙をボロボロと流し、前世の恋人だったと分かりました。その方は触らずに筋肉や神経を治すことができると言って僕の目の周りの神経を修復してくれました。瞼はその後の治療でやはりボトックス注射を試したところ改善に向かっていたのですが、顔面の神経が思うように動かなかったところを繋いでいただけたようです。それから僕も少しですがイメージで治療ができるようになりました。

また、企業のお抱え霊能者に氣に入られ、僕もどこかの企業の専属霊能者として契約をしそうになったことがあったのですが、それは怖くなって辞退しました。

会っただけで僕を見て何かを感じる人は結構いました。中には、女子高生のような魂が入ってるよね、という人もいました。この魂が黄泉の国で僕に入ってきた、つまりウォークインした魂のようで、その導きでさまざまなことが起きていることが分かってきました。ウォークインで入ってきたのは**アルクトゥルス**という星から来た宇宙人の魂で、人間の体を放棄したい、と思った体に入ってきたということも分かりました。

元々の僕の魂は隅っこで小さくなっていました。楽しかったなあと思った帰り道、急に死にたいと思うようになったのは、その魂がウォークインのアルクトゥルスを殺して追い出したいという本能の反射みたいなもので、**魂の融合が進む**と落ち着いてきました。

また、人間界で辛いことがあったり失敗して大変な目に遭ったりすると、「地球嫌だ、宇宙に帰りたいよ」と思うことも多く、なかなかアルクトゥルスのミッションに向かって覚悟が決まらないような不安定な時期も続きました。

宇宙語の開通

スピリチュアルな九州ツアーに参加した時の話です。「行けば分かる。楽しみなさい」というメッセージを受け取っていました。旅費もないような状況だったのですがたまたま遊びに来た方は臨時収入があったのは僕に旅費を渡すためだったと言って旅費をくれました。

ツアーでは、次々と不思議なことが起きました。特に、木や石が話しかけてくるようになり過去のことなどいろいろ教えてくれました。そしていよいよ宇宙語開通の日を迎えます。

阿蘇の廃校を改築した宿舎に泊まった夜のことです。目が冴えてしまったので星空を観に外に出ました。照明がなくても空の明かりだけで十分に明るい中、僕はグランドに行き星からメッセージが降りてこないかなあと思いながら歩きだしました。

ただひたすら何となくグランドを何周かしていたら口から言葉が溢れてきたのです。初めての体験でとにかく流れるように言葉が出てきます。でも何語かも何を言っているのかも分からない。ただ不思議なことに、これが宇宙語だという確信はありました。氣持ちいいなあと思いながら1時間くらい歩いていたようです。

しばらくして宇宙語が一段落つきました。「どうだった？」と聞かれたので、**「ちょっと意味が分からないんだけど」**と星空に向かって言いました。

すると、**「あっ、分からないの？　オッケー！」**という声がして、映像と音声が送られてきました。**頭の上に翻訳機が乗った**ようになりその後は宇宙語の翻訳ができるようになりました。

当時の僕は、封印された真実を知り、解放と目覚めについて強い関心を持って活動していた頃なので、送られてきた映像というのは、この世の真実を知るきっかけともなるものでした。

ツインレイとの出逢いから宇宙語スランプ!?

宇宙語を話せるようになってからさまざまな体験を重ねていくうちに、自分一人での修行期間はもう終わったと感じることが起きました。詳しくは第7章をお読み下さい。天使からもそう告げられたのですが、いやまだ地球でやりたいことがあるからと戻ってきました。そして、ツインレイのゆきちゃんと出逢います。

彼女と一緒に暮らし始めてからどこへ行くにも二人は一緒でした。ある社長さんと食事会をした時のことです。社長さんが最近スピリチュアルに興味があるということだったので宇宙語を話すことになりました。

先に僕が話してからゆきちゃんが話したのですが、僕の宇宙語はその時たどたどしい部分がありました。社長さんにそれを指摘されてから、僕は自信をなくし宇宙語を話せなくなりました。ゆきちゃんの宇宙語は、流暢でとても美しいので僕も大好きでした。彼女は宇宙語でヒーリングをしたりサウンドバスといってお風呂に入ってリラックスするように宇宙語やクリスタルボウルを聴くセッションをしたりと、既に宇宙語マスターとして広く活動をしていました。

ですが、僕の宇宙語もそれまでは同じ宇宙語だと思ってきたので、**初めて比較されて傷ついてしまった**のでした。このスランプはその後も尾を引いて能力もあまり使えなくなっていました。

その後、宇宙語仲間のお陰で僕の中の委縮していた思いが解放されまた自信を取り戻すことができたのですが、この苦しみは二度と味わいたくありません。そして、誰にも味わって欲しくありません。宇宙語は最初から完璧という人はごく稀です。最初は誰でもよちよち歩きなんです。思い出したかのようにペラペラと話す人もいるのですが、制御が難しかったりただ楽しんでいるだけだったりすることが多いようです。それでも特に問題はありません。宇宙語の入り口に立ったことを喜び、褒めたたえましょう。

それから僕の宇宙語はさらにパワーアップして今でも進化を続けています。

【ゆきちゃん編】地球を楽しむ

あずみんの方が伝えたいことを言葉にすることや文章を書くことが好きで上手なので、この本のほとんどはあずみんが書いてくれているのですが、このパートだけは私（＝ゆきちゃん）が自分の言葉で書かせていただきます。

これまでの人生の旅を振り返って、さまざまな出逢いや体験が自分の魂の成長をサポートしてくれていることに感謝です。

見えない聞こえないままでスピリチュアル

私はRainbow Goddess（虹の女神）という肩書きを付けて活動をしています。この肩書きで、ライトランゲージや宇宙語を話すというと、**「昔から不思議な力を持っていたり、スピリチュアルなことに興味があったりしたのですか？」**と聞かれることがありますが、そうではありません。

他の人には見えないものが見えて誰にも言えなかったとか、自分の力が嫌になってある時期に封印したとか、いわゆるスピリチュアル能力が高い方々が持っていたような悩みとは全く無縁の幼少時代〜学生時代を過ごしてきました。

両親の愛情をたっぷり受けて育てられて、勉強もスポーツもそれなりにできる方だったので、大人になって世界のことやいろいろな状況の人のことを知って、とても恵まれた環境だったことに氣がつきました。

今の私はどう見てもスピリチュアル寄りだと思いますが、実は今でも特別なものが見えたり聞こえたりするわけではありません。ハートを開いて、宇宙に委ねて、自分の声を通じて音を流して、エネルギーや感覚を感じて、受け取ったことをお伝えしています。

つきちゃん時代〜地球に疲れていた時代

子どもの頃に特にお月さまが好きだった覚えもなく、誰が最初に呼び始めたのかも記憶にないのですが、小中学生の頃のあだ名が「つき」（月？）で、ほとんどの友人が「つきちゃん」とか「つきくん」と私のことを呼んでいました。家に電話がかかってくる時も、本名ではなく「つきちゃん、いますか？」という感じでした。

大人になってスピリチュアルな世界に触れ始めてからかもしれませんが、夜にお月さまを見ていると、ふと**「月に還りたい……」**と感じることがありました。まるで、かぐや姫みたいな話ですが、まわりの人たちの話を聞いてみると、同じように感じている（感じていた）人たちが少なからずいるようです。何かとしがらみの多い地球での生活に生きづらさを感じて、疲れていたのかもしれません。

いつの頃からか、地球でやっていく覚悟ができたのか、今はそのように感じることはほとんどなくなりました。確信があるわけではありませんが、**「地球に生まれ変わるのは今回が最後かもしれない」**とも感じるので、**「光の世界に還る前に地球で思いっきり楽しまなきゃもったいない」**と思うようになりました。

レイキで自分平和から世界平和へ

スピリチュアルという言葉を聞いたことはあったけれど、実際にその世界に足を踏み入れたのは、2006年に「レイキ」という日本発祥の手当て療法を知ったのがきっかけです。それまでレイキや他のヒーリングを受けようと思ったこともなく、特にヒーラーになりたいとも思っていなかったのですが、なぜか氣になっていろいろ調べていました。

「トレーニングや修行・訓練が不要」「信じようが信じまいが、必要に応じてエネルギーが流れる」というようなレイキの特徴を見て、「そんなに簡単に誰にでも身に付けることができて人の役に立てるなんて素晴らしい！」「**世界中の人がこれをできるようになったら世界は平和になるのでは？**」と感じたのを覚えています。

講座に参加してレイキのアチューンメント（伝授）を受けてみて、自分や他の人にヒーリングができるようになったのに加えて、レイキの真髄は「安心立命」という境地だということもより深く知り、それまでより心が穏やかで安心していられるようになって、自分自身が一番恩恵を受けています。

レイキを始めてからは、セルフヒーリングに使ったり、身近な人にヒーリングをしたり、必要な方にセッションをさせてもらったりしていましたが、スピリチュアルに目覚めて生活が急に大きく変わることもなく、好きでやっていた旅行業やイベント・セミナー業がメインの仕事でした。

宇宙語との出逢い

宇宙語という言葉を初めて知ったのは、２００８年にその頃主流だったＳＮＳのｍｉｘｉ（ミクシィ）で当時のビジネスパートナーから紹介された、大阪でのトークイベントの案内でした。レイキ以外に何かスピリチュアルなことを探し求めていたわけでもなかったのですが、**どんな言葉か想像もつかない宇宙語という響き**が氣になったのと、参加費が無料だったこともあって足を運びました。

当日、イベントに参加してみると、若くて爽やかなシンガポール人の男性が講師として来られていて、肉眼でオーラが見えない私ですが、彼が光を放っているのが感じられました。トークは日本語通訳付きの英語で、英語では宇宙人の言葉や宇宙の言葉という単語ではなく「Light Language（ライトランゲージ）」と紹介されていました。

実際に初めて聞いたライトランゲージは、**今までに聞いたことのない声の高さやスピード**の音もあって、聞きながら何だか楽しくなって笑いがこみ上げてしまったのを覚えています。

イベントの終わり頃に、参加者も一緒に話せるような流れがありました。私は目を閉じて聞いていただけでしたが、驚いたことにたくさんの人が変な言葉を話し出して、不思議な感覚に包まれていました。

流れに導かれて宇宙語デビュー

無料イベントの後も、特に自分が宇宙語を話したいとは思わなかったのですが、私が初めて光を感じた講師の男性に興味を持っていたので、人生で初めて自分でお金を払って、彼の個人セッションに申し込みました。

特に悩みや相談があったわけでもなく、軽い氣持ちでセッションを受けさせていただいたので、「**今の自分に必要のないものを手放して、必要なエネルギーを受け取りたい**」という意図だけをお伝えして、セッションが始まりました。
横になって目を閉じて、ライトランゲージや英語でのメッセージを聞いていると、身体が勝手に反応したり、心地よいビジョンが浮かんだりして、**深くリラックスして癒されている感覚**を味わうことができました。

翌年２００９年に来日の案内があった時、宇宙語というよりは彼への興味から、今度は初めてワークショップに参加することにしました。その時のワークショップの内容は詳しく覚えていないのですが、ハートをオープンにして楽しんでいるうちに、途中からライトランゲージを話せるようになる人が増えてきて、最終的には私を含めて**参加者全員が話せるようになっていました**。

その後も、いくつかワークショップに参加したり、スタッフとしてお手伝いさせてもらう機会ができたりして、ライトランゲージによく触れているうちに、私も**いつでも自然に話せる**ようになりました。とは言っても、自分の口からどんな音が出てくるかはその時によって違います。

決まった手順どおりにやればできるレイキとは違った魅力を感じて、レイキやライトランゲージを組み合わせたオリジナルのヒーリングセッションを提供するようになりました。

ライトランゲージを楽しむ

宇宙語とライトランゲージという言葉を厳密に区別して使っている人とあまり区別せずに使っている人がいます。私の場合は最初に英語で説明を聞いたこともありますが、ライトワーク（光の仕事）をサポートする存在と繋がることを意図して音を出している感覚から、宇宙語というよりはライトランゲージ（Light Language）という言葉がしっくりきます。あえて試したことはありませんが、意図によっては光ではない存在とつながることもできてしまうと思うので、できるだけクリアな状態を心がけて、自分自身もどんな音が出てくるのか楽しみながら話しています。

ライトランゲージを話すようになって10年以上になりますが、降りてきた音について私が日本語で詳しく説明することはほとんどなく、エネルギーやバイブレーションそのものを受け取ってもらっています。日本語で伝えられる内容なら最初からそうすればいいと思うので、**言葉では伝えきれない**情報のダウンロード、ヒーリング、チューニング、アクティベーション、エネルギーとしてお届けしています。

ヒーリングやスピリチュアルなことをされている方が私のセッションを受けられることがよくあるのですが、ご本人が受け取ったビジョンやメッセージ、感じたエネルギーなどフィードバックをいただくと、**その方が必要なもの**をしっかり受け取られています。

ライトランゲージで何かを伝える必要がある相手に逢うと、勝手に口が動きたがることもあるので、一緒にいる人に必要な音のエネルギーがあるように感じる時は、「上の方からあなたに届けたい音があるみたいですが、ライトランゲージを話してもいいですか？」と相手の許可を取って、届けさせていただくこともあります。

頭で全て理解しようとして理解できるものでもないので、宇宙や光の存在からのギフトとして受け取ってもらえたらうれしいです。

私が話すライトランゲージを聞かれた方や、録画した動画を見られた方から、**「私も話すようになっちゃいました！」**と報告をいただくこともよくあります。

ラジオのチューニングのように、同じ周波数にチャンネルが合うと、自然と話せるようになるのかもしれません。ライトランゲージや宇宙語を話してみたい方は、**ハートをオープンにして、自分も話してもいいということを自分に許可**してあげてください。

ライトランゲージを話し始めた頃は、自分でも変な言葉を話していることがおかしくて、それをセッションとして人に話すことへの抵抗も少しありましたが、そこを乗り越えてしまえばもう怖いものなしです！

自分の調整のためにライトランゲージを話したり、イベントでライトランゲージを話させてもらったり、神社やお寺で音を奉納したり、自然の中や神聖な場所で土地のエネルギーとハーモニーを奏でたりするのも大好きです。

癒される音楽や自分に合ったライトランゲージ、自然が奏でる心地よい音に身を包まれるのも好きですが、一人の時は静かで無音に近い状態でいることも多く、静寂も私にとっては贅沢なライトランゲージの一つかもしれません。

エジプトで女神性開花～統合

ツインレイという言葉を知ってから、その存在に憧れていて、２０１１年11月11日までにツインレイと出逢って結ばれていることを夢見ていたのですが、実際にはまだそんな人がいなかったので、自分にとってソウルシスターのように感じていてライトランゲージも話すシンガー（サウンドヒーラー）の大好きな友人からのお誘いもあって、特別なその日を思い切ってエジプトで過ごすことにしました。

参加させてもらったのは、ニュージーランド在住でシンガポール人の女性ヒーラーが数年前から世界の神聖な場所で開催しているリトリートツアーでした。女性を中心にいろいろな国から参加者が来ていて、当時の私にはリピーターの人たちはキラキラしていて女神の集団のように感じました。そんな中で、初参加の私も温かく迎え入れられて、ギザのピラミッドの近くの高級ホテルに泊まったり、何日もかけてナイル川をクルーズしたりしながら、さまざまな神殿を訪れました。

「ゴールデンライト（Golden Light）」と名付けられていた一連のツアーは、自分たちが光り輝きながら世界各地に光を降ろすようなイメージで、旅の間は訪れる場所に応じて美しく着飾ったり、美味しいものをいただいたりしながら、パワースポットと呼ばれるいろいろな場所でお祈りやエネルギーワークをしていました。

参加者の共通語は英語でした。私はふだんから日本語でも自分のことをたくさん話す方ではありません。英語となるとさらに大人しく人の話を聞いていることが多かったのですが、幸いなことに必要な場所で必要なライトランゲージが出てくるので、いろいろな場所で音のエネルギーを降ろしながら、みんなと楽しむことができました。

一番パワフルだったのは、11月11日の日中に特別に予約をして貸し切りで入らせてもらったスフィンクスの足元にみんなで行った時で、今までに出したことのない**雄叫びのようなライトランゲージ**が出てきて自分でもびっくりしました。その日の深夜には同じく貸し切りでピラミッドの王の間に入ることができて、貴重な時間を過ごすことができました。

日本人の参加者は私を誘ってくれた友人と私の二人だけだったので、他の参加者から「**日**

本語からライトランゲージのどちらを話しているか分からない」と言われた時がありました。全く理解できない外国語を聞く時、私もライトランゲージのように聞こえることがあります。頭で理解しようとしなければ、全ての音を周波数やエネルギーのレベルで受け取れるのかもしれません。

素敵な人たちと楽しく旅をしている間に、私の女神性もどんどん開花して、自分の内なる男性性と女性性が統合していくのを感じました。外にいるツインレイとの出逢いを求めていた私でしたが、まずは自分の中での結婚（統合）が必要だったのかもしれません。

エジプトの旅が終わりに近づいて、これから日本に帰って何をすればいいのかと自問自答した時に、「**Wake Up（目覚めよ）**」というメッセージを受け取り、私自身が自分の女神性を思い出せたように、全ての女性が本来女神であると伝える使命のようなものを感じました。

もちろん、女性だけでなく男性にも女神性は備わっていて、**私たちはみんな女神であり神なのです。**何者かになろうとする必要はなく、ただ思い出すだけで大丈夫です。

母の旅立ちからのギフト

2012年6月6日。金星が太陽の前を横切るように見える「金星の太陽面通過」という天文現象が起こった日でした。私は太陽を観察するためのメガネを用意して、朝から太陽の前を黒い点（金星）が移動していく様子を楽しみ、日中は自宅に友人を招いてお茶会をしていました。

しばらく前から母の調子がよくなかったので、父は仕事の休みを取って病院に付き添っていました。

様子を見るために検査入院することになり、父も入院の準備等でいったん帰宅していたので、夕方に妹と当時は幼かった双子の甥っ子たちも連れて家族揃って病院に面会に行きました。

母は思ったより元氣で、**「入院なんかせずにみんなと一緒に家に帰りたい」**と強く訴えていました。父と妹たちは次の日も仕事があるので先に帰宅して、私は母が寝付くまで待ってから帰ろうとベッドの横で見守っていました。

母の体が少し震え始めて、けいれんのようにも見えたので、ナースコールを押すと、すぐに別室に運び込まれて、いろいろな処置が始まりました。父に連絡して、父が病院に戻ってきてからは、母の頭の方に父が寄り添い、私は母の足元に手を触れながら、**まわりに聞こえない程度の小さな声でライトランゲージを送り続けていました。**

母が苦しんでいるというイメージはあまりなく、**心地よい光の中**でさまよっているように感じながら、「お母さんが帰ってくるのをみんなで待ってるよ」「もう疲れてると思うから、どっちに行くかお母さんが自分で決めてね」と心の中で語りかけていました。ずいぶん長い間、酸素吸入や心臓マッサージをしてくれていたと思うのですが、その時の様子はほとんど覚えていません。お医者さんからの説明に父が同意して、蘇生のための処置を終えてもらって、母は息を引き取りました。

私にとって母は**太陽のような存在**で、子どもの頃から元氣で明るいお母さんという印象が強く残っています。家族思いでいつもまわりを励ましていたような母でしたが、更年期の頃からは体調も思うようにならず、落ち込むことも増えていて、脳の検査で若年性認知症の診断を受けた翌年のことでした。

最愛の母が肉体を離れたことはもちろん寂しくて、母が生きていたらと思うことは今でも折に触れてあります。ですが、今までと違う自分をなかなか受け入れられず、仲が良かった友人たちにも会いたくないくらい落ち込んでばかりだった母が、**自分で決めて地球を卒業した**ということをすんなり受け入れてもいたように思います。身体は一緒にいられなくなったけれど、自分の中に母が入ってきて一体化して、いつも一緒にいることができるようになったようにも感じました。日常生活や旅先でも、母が**自分の名前や誕生日や命日の数字を使ってサイン**を送って見守ってくれています。

光に還る前の母は、「いつ何あるか分からん！」と口ぐせのようによく言っていました。家族で支え合って介護していこうとしていた時だったので、こんなに早く亡くなるなんて誰も想像してなくて、「**人生はいつ何があるか本当に分からない**」という当たり前だけど忘れがちなことを、母の死によって改めて実感させられました。

この体験は、大好きな人に伝えたいことは後回しにせずその場で伝えておくことの大切さを教えてくれました。いつが最後になるかは誰にも分からないから……

また、その頃の私はいろいろな人付き合いでスケジュール帳がかなり埋まっていたのですが、母とのお別れのための行事を優先したら、ほとんどの予定はキャンセルしても大きな問題はないことに氣がつきました。それ以降、**命そのものである時間**は本当に自分がやりたいことに使おうとより強く意識するようになりました。

母が61年の人生と命をかけて送ってくれたたくさんのギフトに感謝しています。

ライトファミリーの拡大

三人兄弟の長女として生まれて、円満な家庭で仲良しの両親に大切に育てられた私ですが、家族からは昔から「ちょっと変わってる」と思われていたようです。

スピリチュアルに興味を持ち始めてからも、実家ではほとんどスピリチュアルな話はせず、家族の話に合わせていることが多かったと思います。もちろん生まれ育った家族のことは何より大切でかけがえのない存在ですが、ありのままの自分で接するというよりは、家族の中での自分という役を演じているような感覚で過ごしてきました。これは家族に限らず、相手との関係性における自分を常に演じているのかもしれません。

私は自分で前世が見えたり分かったりはしませんが、出逢ったばかりでもすぐに心を許せる人、初めて会ったとは思えない親近感を感じる人、一緒にいるだけで落ち着く居心地のいい人たちと出会うと、魂でつながるソウルファミリーだと感じてうれしくなることがあります。

価値観や目指す世界観が似ている人たちとは、親や兄弟以上に深い話ができることもあって、自分の感覚に共感してもらえる人たちとの出逢いは貴重です。地球を愛し、よりよい世界を共同創造するという共通の意図で一緒に仕事をしたり活動したりできるライトファミリー（光の家族）もますます増えてきています。

世界的に活躍するアーティストでありスピリチュアルヒーラーでもあるドイツ出身の友人とは家族ぐるみのお付き合いをさせてもらっています。オンラインやリアルでライトファミリーの集いを共催したり、彼のセッションやヒーリングスカーフのワークショップで通訳をしたり、彼の誘導瞑想と私のライトランゲージでコラボしたりしています。

世界のパワースポットを共に旅したディジュリドゥ奏者の友人とは、ヒーリング楽器とライトランゲージのコラボライブを不定期に開催しています。

光ファミリーをゲスト講師にライトランゲージのイベントを主催してくれたハープ作家（木工職人）の友人とは、今、純正律の和音を奏でるヒーリングハープを、レムリアの月のイメージで共同創造しています。

たくさんの国で抱擁（ダルシャン）をしているインドの聖者が日本に来てくれる時には、一緒にボランティアをさせてもらう素晴らしい仲間たちもいます。

大切なライトファミリーをここで全て紹介することはできませんが、機会があれば是非、繋がっていただけたら嬉しいです。

自分らしさを忘れず、自分の内なる光を輝かせて生きていたら、**「逢うべき人に逢うべき時に必ず逢える」**と信じています。決して素晴らしい経験ばかりではなく、自分にとって辛い体験になった出逢いもありますが、今までに出逢った全ての人に感謝を込めて、これから出逢えるライトファミリーとの共同創造も楽しみにしています。

自分大好き（自己愛＝セルフラブ）のススメ

私が大切にしている幸せのコツがあります。

あなたが一番好きな人は誰ですか？

私は……　自分です！

中学生の頃から大好きなアーティストの渡辺美里さんの歌詞の中に、私がずっと大切にしていて、大人になった今も共感しているメッセージがあります。

「一番の勇気はいつの日も自分らしく素直に生きること」（「悲しいね」より）

「自分も愛せずに本気で誰かを愛せるの」（「Teenage Walk」より）

自己中心的とか、わがままと思われるかもしれませんが、誤解を恐れずに言うと「**とりあえず自分を幸せにできたら人生ＯＫ！**」だと思っています。それをみんなができたら、世の中には幸せな人しかいなくなります。

自分がしたことによって、家族やまわりの人たちの喜ぶ姿が見られることはもちろん嬉しいことですが、自己犠牲では長く続けられません。自分を愛して、自分を大切にして、自分を幸せにできたら、まわりの人にも優しくしたり、人のために何かをする余裕もできてきます。

そのために、私はハートの声を聴くことを優先して、好奇心のおもむくままに、自分がやりたいことや氣になることをできるかぎりやってきました。**一生のうちにやってみたいことはタイミングが合えばやってみる**のがモットーで、日本語教師や旅行業の資格を取ったり、野生のイルカと泳いだり、富士山に登ったり、フルマラソンを走ったり、興味本位でスキンヘッド（丸坊主）にしてみたこともあります。

スピリチュアルな体験としては、シャーマンのセレモニーに参加したり、南インドに伝わるアガスティアの葉という個人の運命に対する予言が書かれた葉を見つけて読んでもらったこともあります。

導かれるように宇宙語を話すようになったのも、ツインレイのパートナーとベストタイミングで一緒になれたのも、自分のハートの声に従って自分を大切にしてきたおかげだと思います。

仕事の関係で海外にもよく行っていて、自分のために時間やお金を使って**内面が充実**していたせいか、まわりから「最近キレイになったね」「彼氏ができたんでしょ」と言われるようになった頃に、十年来の友人だったあずみんがツインレイだと氣づくことができました。

特に子どもが欲しいとは思っていなかったので、まさしく**サプライズギフト**だったのですが、ツインレイを受け入れてすぐに天使が降りてきました。一回り離れた弟や双子の甥っ子たちの子守りをした経験もあって、この人生で自分で子育てをしたいとは思っていませんでしたが、「**出産は最高のエクスタシー**」という女性たちの体験談を聞いてから、そんな出産なら体験してみたいかも……という、自分でも忘れかけていた潜在的な願いを宇宙が叶えてくれたみたいです。

自分のために心身の健康や食生活にも氣をつけてきたことで、44歳という世間では高齢出産といわれる年齢にも関わらず、パートナーと赤ちゃんの三人で素晴らしいお産を体験することができました。

産後は子ども中心のライフスタイルになって、自分だけの時間はほとんどなくなっていますが、あずみんが協力的なので自分のことも大切にしながら、子育てを一緒に楽しませてもらっています。

もしもあなたが妊婦さんだったら？

「自分を愛すること」や「自分を大切にすること」が苦手だったり、難しいと感じたりする方にもお勧めなのは、自分自身を妊婦さんのようにいたわってあげることです。自分大好き人間の私ですが、妊娠期間中はお腹の中の赤ちゃんのためにそれまで以上に自分を大切にすることができました。

妊婦さんというのはたとえなので、実際の年齢や性別に関わらず、**自分が妊娠しているつもり**でイメージしてみてください。今と同じ生活や考え方のままで大丈夫そうですか？

自信を持って「大丈夫！」と言える方は、ふだんから自分を大切にされている方だと思います。

私は煙草もお酒も好きではないので苦労しませんでしたが、自分のための禁煙や禁酒は簡単にできなくても、**お腹の赤ちゃんのためだったらがんばれる**女性は多いと思います。

私の場合は、妊娠前からほぼヴィーガンで野菜中心の食生活をしていて、助産院での自然分娩を望んでいたので、ごはんは長岡式酵素玄米に変えて、油や砂糖も極力控えて、グルテンフリーにも挑戦しました。体力をつけておくことも大事なので、あずみんもよく散歩に付き合ってくれました。

「早寝早起き」「健康的な食生活」「ストレスをためない」「適度な運動」「スマホやパソコンを使い過ぎない」など、**妊婦さんにとっていいことはもちろん妊娠していない人にもいいことばかり**です。

つわりも体験しましたが、光（ひかる）がお腹の中にいてくれた妊娠中は私の人生の中で一番自分を大切にできたかけがえのない幸せな時間でした。

自分一人の身体だと思うとついつい無理をしてしまいがちですが、お腹の中の赤ちゃんのためにしてあげたいことを、自分のためにもしてあげられたら素敵ですよね。

応用編として、大切にしたい人をなかなか大切にできない時や、どうしても腹が立ってしまう人がいる時は、その人のことを**「妊婦さん」**または**「神様」**だと思って接してみるといいかもしれません。

ツインレイとの出逢いからありのままの自分へ

ツインレイのあずみんと一緒になる前は、家族やまわりの人たちに恵まれながらも、自分を本当に深い所で理解してくれる人がいないような氣がしていて、どこか一人でがんばっている感じがしていました。

相手に応じて自分を演じ分けているような感覚もあったのですが、あずみんと暮らすようになってから、**ありのままの自分**をさらけ出せるようになってきました。

感情を表に出すことが少なかった私の感情を一番揺さぶってくれるのもあずみんです。

もし、ライトランゲージを話す私を受け入れられないパートナーだったら、その部分で共感してもらえない寂しさがあったと思うのですが、幸い、あずみんは私以上に私のライトランゲージから多くのメッセージやエネルギーを受け取ってくれているみたいです。

統合した自分と統合したツインレイのパートナーが一つになることで、光（ひかる）という素晴らしい息子を授かりました。

スピリチュアルな鑑定をされる方々からは、「**レインボーチルドレン**」とか「**ダイアモンドチルドレン**」と言っていただくこともあり、両親の私たちだけでなく、たくさんの人を笑顔にしてくれています。

光（ひかる）はエネルギーに敏感で、氣がいい人といるとご機嫌です。

神社やお寺、太陽や月、富士山など、神聖で美しいものを見ると自然と手を合わせて拝んでいます。

私も世界を旅している時、特定の宗教にこだわらず、それぞれの土地を守られている神聖な存在に手を合わせます。あえて言うなら、私の宗教は「**愛**」です♡

一人から二人になって、二人から三人になって、今、光ファミリーとして幸せに暮らせている日常に心から感謝しています。私を人生のパートナーにしてくれて、お母さんにしてくれて本当にありがとう！

この幸せのエネルギーを大きく循環して、たくさんの人と平和な世界を共に創造していこうね。

第6章

土地のエネルギーを感じるライトランゲージ

宇宙語はいつでもどこでも話すことができるのですが、例えばパワースポットなどでその土地のエネルギーを感じるためのライトランゲージを降ろすというのもよくやります。

宇宙語やライトランゲージの楽しみ方の一つとして、忘れてはならないのがこの「土地のエネルギーを感じる」ということです。みなさんは自分がふだん生活している場所だけでなく、旅行でパワースポットを訪れたり、歴史的建造物、遺跡、景色のいい氣持ちのいい場所、豊かな自然に触れたりする時にどんな氣持ちになりますか？

僕たちは特に自然が大好きで、家族で人里離れた田舎に出かけます。「ああ、氣持ちいいなあ」と言うか言わないかのうちにライトランゲージが口から溢れ出し、二人で会話をしたり子どもを抱っこして自然に触れたり、飛び跳ねるように踊り出したりすることもあります。

まさに自然と一体になるような、包み込まれるような心地よさを感じ、樹々や花の声も聞こえてきて素敵なハーモニーを奏でます。

その土地のエネルギーを感じ自分の口を通して降ろしてくることで心身共に浄化され、エネルギーが整うことを実感できるでしょう。楽しいと感じるだけでも効果があります。

楽しいというのは魂の状態がとてもいいというメッセージです。土地の浄化やアクティベーション、過去のエネルギーの解放、封印解除、光を降ろす、光の柱を立てるなど土地に対する効果もいろいろあります。

また、さまざまなメッセージを受け取ることもありますし、言葉にはならなくてもその土地に導かれた理由をハイヤーセルフが受け取って、新しい出逢いや面白いことが起き始めるなどの奇跡に繋がることもあります。

反対に、嫌な感じがしたり、氣分が悪いと感じたりした時は速やかにその土地から離れた方がいい場合もあります。その時はネガティブな感情があったり、疲れていたりと何かのサインを感じられると思いますので、パートナーや信頼できる方に宇宙語ヒーリングをしてもらうことをお勧めします。ツインレイ宇宙語パートナーはそういう点でも便利です。何か不調を感じたらすぐに宇宙語ヒーリングをすることもありますし、降りてきたと思ったら一緒に宇宙語を話して受け取ることもできます。

ここでは最後のワークとして、みなさんにも是非、土地のエネルギーを感じられるようになっていただきたいと思います。

　ここまでの宇宙語ワークでは、話せるようになったり翻訳をしたり、質問やこうなりたいといった意図を持って宇宙語を使うことが多かったのですが、この章では特に何かを意図することなく土地に身を委ねて感じるままに口や体を遊ばせてみたいと思います。このワークは、ご自身が氣持ちいいと感じられる場所でくつろいだ状態でやってみてください。

土地のエネルギーを感じるレッスンその１　土地に溶け込む

　今あなたは、この土地の何を見て、どのように感じていますか？

　大きく深呼吸をして、目に入るものにハートを開いてその光を感じてみましょう。さあ、ハートの辺りがじわっと温かくなってくるのが分かりますか？

土地のエネルギーを感じるレッスンその２　第一声を発する

　また肺に息を吸い込みます。少し目を閉じて、ハートの温かさが大きく広がって口までくるようにイメージをしましょう。そして、息を吐くように声を出してみましょう。流れに任せて「氣持ちいい」「楽しい」といった柔らかな雰囲氣でライトランゲージを話すことを許可します。すると、スラスラとライトランゲージが流れて来ます。

土地のエネルギーを感じるレッスンその3　身体を明け渡す

さあ、ライトランゲージが出てくれば次は身体を緩めましょう。まずは目を開けてその土地のまばゆい光を感じます。ゆっくり足を前に出し歩きながらでも構いません。手を伸ばし、手の平から光を受け取るのもいいでしょう。ハートに手を合わせ、自分の中の温かい感じとその土地の光のエネルギーを重ね合わせるようにゆっくりと手足を動かします。その地の妖精になったかのように自由に体を動かしてみてください。

土地のエネルギーを感じるレッスンその4　土地からメッセージを受け取る

「私はなぜここに来たのでしょうか？」

「誰が私を呼んだのでしょうか？」

ライトランゲージから土地のメッセージを感じられたら、あなたに伝えたいことがあるのかもしれません。心の耳を傾けてみましょう。もし、あなたが翻訳できるようなら言葉で受け取ってもいいですし、ハイヤーセルフに受け取ってもらうだけでも十分意味があります。そして、何か行動をしたくなったら素直にそれに従って考えずにやってみてください。

土地に呼ばれてみること

前のレッスンで、なぜその土地に呼ばれたのかという理由みたいなものを受け取れた方もいらっしゃると思います。今度は、今の状況にあった土地に行って必要なメッセージを受け取るということを強く意識してみてください。

ゆきちゃんは一人の頃、いつも呼ばれて旅をする旅人のように、〝［国名や地名］is calling me.〟とＳＮＳによく投稿していました。呼ばれてるなあと思って行くと、本当に今の自分に必要な出逢いがあったり出来事が起きたりするものです。

さあ、あなたを呼んでいる（Calling）のはどこでしょうか？

パッと思い浮かんだ場所でもいいですし、雑誌やテレビを見ていてふと「行きたい」と感じた場所でも構いません。「呼ばれている」ということを意識してみて欲しいのです。すると宇宙がその土地に導いてくれることでしょう。

せっかく呼ばれていくのですから、何が待っているのか楽しみにしていてくださいね。ワクワクするような出来事だったり、魂が感動するような出逢いだったりということもあるのですが、その土地自体があなたを呼んでくれたのかもしれません。

土地にご挨拶をして、氣持ちのいい場所で宇宙と、光と繋がって、ライトランゲージを話してみてください。呼ばれた場所では、その時にあなたに必要な情報をダウンロードできます。この世に偶然はありません。

僕たちツインレイの二人も、ゆきちゃんが呼ばれて大阪から沖縄にやってきたことで運命の扉を開くことができました。二人はたくさんの宇宙語を話し、ライトランゲージで会話をしながらこれまでの長い旅の話だったり見守り合っていたことだったりをハートで理解し、お互いがかけがえのない魂で、ずっと探し求めていたパートナーだったということに氣づくことができました。

第7章

あずみんの宇宙語体験と受け取ったメッセージ

この章では、僕あずみんがこれまでに受け取ったメッセージの中からいくつかを選りすぐってお伝えします。

土地のエネルギーから受け取ったものは、パワースポットや自然の中だけでなく、さまざまな場所で降りてくる生の体験を知ることでみなさまがいつどんな状況でも光の存在と繋がり、価値のあるライトランゲージを話せるようになるために是非、参考にしていただけたらと思います。他にも共有したい宇宙語体験を書いてみました。

ここからは僕と一緒にバーチャル・ツアーに参加してその場に一緒にいるかのように感じてみてください。

タワーマンションでスピリチュアルな交流会

最初は、タワーマンションの53階にあるパーティルームで開かれたスピリチュアルの交流会に主催者側で参加をしました。会が始まる時に場の調整も兼ねて、夫婦二人でその時の土地のエネルギーを感じてライトランゲージ瞑想のオープニングセッションを行った時の体験です。50人くらいのスピリチュアルに興味のある方々が集い、非常に高いエネルギーを感じていました。

参加者の中には特殊能力の持ち主がいたり、幼い頃に視えていたけど封印してしまっていたり、最近急に目覚めたような方もいたりと、さまざまなエネルギーが混ざっていました。土地のエネルギーは高層階らしく天界から大きなエネルギーを感じる場所であり、また自然への回帰を感じさせるものもありました。

やや低めの波長で文字通りの調整から始まり、まるでお経を唱えているような宇宙語が出てきました。二人は座っていたので踊り出すことはしませんでしたが、古代大和のエネルギーだったり、天女の舞のようなゆったりと穏やかなエネルギーとなり、場が整ったことが感じられました。

時間にして10分ほどでしたが、前と後では場の穏やかさが変わったと感じました。最後に翻訳をしてみなさんにお伝えしたのはこのような内容です。

初めての方がたくさんいる中で、「何でもあり」という訳ではなくって、「今日はオープンになって宇宙と繋がろう」という日になるんですが、何でも来い！　繋がっちゃおう！

と、ただ来るものを受け取るというのではなくご自身で「光」を選んで受け取ってください。いろんな宇宙人が来ています。ここにはアマテラスのようなエネルギーが来ています。そのような光のエネルギーを受け取ろうとすることで自分を光の波長に合わせていくと、自分は何者でこの地球で何をしていこうかという意識が芽生えていきます。それを自分が元いた場所の記憶やエネルギーとシンクロしていくことで氣付いて動き出します。そうすることでいろんな場所で同じ光を感じられるようになっていきます。そして、大きなクワガタにフォーカスされ、ネイティブ・アメリカン、木漏れ日、カヌーで川を進んで行き、生きとし生けるものが光に集まってくるようになります。光が集まってくると、自分が光だったことを思い出し、神様と一つだったことを思い出します。白い髭と白装束の神様が杖をかざし、そこから光が降り注ぎます。天国ってこうだったなとか、自分たちが天国に生きているような感覚を思い出していきます。そしてみなさんが光として接することでこの場が天国だということを今日は感じていただけるのではないでしょうか？

そのような**愛と光のライトランゲージ**でスタートした会は終始和やかにみなさんが今日の日を約束して集まったかのような空間となりました。

この場所に、自分がなぜ呼ばれてきたのか。他の方々がなぜここに一緒にいるのか。その意味を感じ、場のエネルギーを受け取ることで、人生はよりうまくいくようになり、必要なものが与えられる幸運にも恵まれるようになります。新しい場所に行かれる際は是非、意識してエネルギーを感じてみてください。

渋谷のFMラジオで話した声の主は何とサ○○だった⁉

渋谷は東京の中でも特にエネルギーが面白い場所です。

数年前のクリスマス近くのことです。渋谷にあるFMラジオの番組に宇宙語を話せるゲストとして出演しました。ふだん都心に行く時はバリアを張っています。常にいい状態であること、高い波動を維持することは心身の健康にとってても大事です。

面白い人をゲストに呼んで紹介するというラジオ番組で、宇宙語を話して欲しいというリクエストをいただいたので喜んでお引き受けいたしました。場所が渋谷の中心に近い所だったので、その日はしっかりとバリアを張って氣持ちを整えて伺いました。収録ではなく生放送ということで、どんなメッセージが来るのだろうという緊張感とワクワクが入り混じるような感じでした。

出番の前から既に違和感を感じてはいたのですが、出だしからライトランゲージを話すことでスッと土地のエネルギーを感じました。スクランブル交差点を渡る人の欲だったり複雑な人間関係だったり恋愛模様などが感じられ、いつもより心拍数が上がっていました。

パーソナリティの質問は、「災害は大丈夫なの？」というものだったのですが、ライトランゲージを話し出すと街の光景が映し出され、巨大な影に覆われました。最初、姿は見えなかったのですが話し方が明らかに違いました。ふだん使ったこともないような筋肉を使おうとするのです。下あごからエラにかけてを開くように声を出し、絞り出すように声が発せられました。やろうと思ってできる話し方ではないだろうと思いながらも、楽しいやら氣持ちいいやらでしばらく浸っていたいと思いました。メッセージもどんどんやってきます。この渋谷の人たちに伝えたいのだと。

そして、「こんな話し方をするのはいったいどんな存在なんだ!?　あなたは誰ですか？」と質問のテレパシーを送ると、影の正体が姿を現しました。ヤギみたいな形の宇宙人だと表現したのですが、見覚えのある姿です。高さは30メートルほどあり、頭はヤギで、大きな角があり外側に曲がっています。上半身は裸の人間で背中に大きな翼があります。腰から下は茶色い毛で覆われて、脚は太くどっしりとして椅子に座っているようでした。

「何か、変容の時なのです。それを意識して自分を変えていこうとしている人間しかこれから先は厳しい時代になってくるよ。それは、人間の中にあるネガティブな感じだとか邪悪なものが、地球の意識体がそういうネガティブを切り離そうとしています。戦争や人をだましたり傷つけたりというネガティブなものが人間の進化にもう必要ないので、そういうものがいらないと手放して、人間の魂の綺麗な状態で地球と一緒に生きていこうという人は生きていけるんだけど、そういうネガティブな人は次元が変わっていくよ。そこで目覚めるかどうかだよ。

まだ間に合うので今から自分の魂に正直に、生まれ変わる氣持ちで人間として成長をしたいと思って生きていってください。大きなピエロで偽って生きてきた、トリックに引っかかっている人。お金に縛られてしまっている人。お金のために働いているだとか、お金がないから幸せになれないと思っている人。お金が無いから私は不幸だ。というのが今の人間界のトリックなので、そこに氣付いて抜け出して魂が自由な方向に行った人間が新しい世界を創っていく。自分に嘘ついてると思う人は今すぐ改めて魂に従いなさい」

質問が不安から出たものだったので余計に強く反応したのかもしれません。

続けてこのようなメッセージを受け取りました。

「恐怖や不安を感じていた時代はもう終わります。争いも必要なくなります。長い間僕の仕事でしたが、それはもう終わります。ようやく次の時代に入ります。みなさんは安心して穏やかに幸せを迎え入れる準備をしてください。私が分離していた時代の終わりを告げにやってきました。この渋谷の街から浄化を始めています」とてもとても、力強いメッセージでした。僕の声も大きかったようです。

追加の質問で、「楽しいことばかりやってきてお金が貯まらなくて大変なんですがそれはありなんでしょうか？」といただきました。それについてはこのような回答が降りてきました。

「それは、魂がやりたいことをやってるのと少しずれていますね。本当に自分が好きなことをやっているけど、儲からない自分を愛しているという矛盾、パラドックスにはまっているみたいです。みんなが好きなことをやっていれば生きていけるので、自分の魂に従って生きていれば食べるには困らなくなります。それは深く考える必要はなくって、「楽しい」「本当に心から楽しい」と魂も心も「楽しい。嘘ついてない。１００％楽しい」と思えることを選択の基準にしなさい。体もウキウキするという状態で生きていけばお金は自然と心配なくなります。心配するから入ってこないのです」

放送後に聞いたのですが、知り合いが僕の宇宙語を録音してくれていたのですが、ピーーーーという音が入っていたそうです。それほど強いエネルギーだったのか、聞かせない方がいい内容だったのかは不明です。

出番が終わってすぐに話していた存在の特徴を入れて画像検索をしてみました。その存在の名前は「サタン」でした。サタンと話したのはこの１回きりです。渋谷というエネルギーが呼び寄せたスペシャルゲストだったようです。

富山から位山に飛ぶＵＦＯとＵＦＯサミット

富山で紹介された方に、僕は紹介者からこう紹介されました。

「何でも答えてくれる人だよ」

はい、確かに宇宙語で質問をすれば答えが降りてくるのでだいたいのことは答えられると思っていました。「仕事かお金の悩みかな?」と思っていたのですが、「日本人の起源が富山に降り立ったというのは本当ですか?」みたいな質問でした。

富山に行ったのも初めてですしそのような伝承が残っているのも知らなかったので、思考は全く使えません。すぐさま宇宙に質問しました。すると、ロシアの方向からUFOが富山に来ていてそれが日本人の起源となったのだと。当時のUFOというのは円盤型とかではなく、頭が人間のようで、体が龍でそれが岐阜の方まで飛んでいき、方向を変えて九州の押戸岩まで行き来をしていたようでした。

その話をお伝えしたところ、彼は岐阜の位山にちょうど頭が人間、体が龍の石像があると驚いていました。別な動物や架空の生き物との組み合わせもあり、当時の神様たちは奇抜なデザインのUFOを自慢し合っていたみたいです。位山と後述の押戸石には光の柱が立っていて、それも目印に飛んでいたということも分かりました。富山では毎年UFOサミットのようなものも開かれているようです。

このように、全く知らないことを聞かれても宇宙語で答えを得ることができるのだということを身をもって実感できたことはその後も大いに役に立っています。宇宙語を話し翻訳をするために、特に世界史を勉強する必要はありません。全ては用意されていて、必要な人が現れて解説もしてくれるものですから、恐れずにどんどん質問して自分の波動を上げていくといいでしょう。

押戸石に立つ光の柱

熊本の阿蘇にある押戸石の丘は僕のお氣に入りのパワースポットの一つです。シュメール文字の書かれた大きな岩（押戸石）が残っていて、シュメール人と関係があったと言われています。（シュメール文明はチグリス川とユーフラテス川に栄えたメソポタミア文明の起源とされ紀元前3500年から紀元前2000年まで続いたとされる高度な文明）

ゼロ磁場の文杭峠のように磁場が狂うことでも有名です。押戸石に耳を付けて宇宙語でアクセスしてみると、王様を取り囲むように輪になって踊る巫女さんたちの姿が見えました。中央には金塊が置かれそこから上空に向けて光の柱が延びています。その柱を目掛けてＵＦＯが飛んできて曲がって幣立神宮へと進みます。幣立神宮には空へと続く階段があり、高天原と呼ばれる空中都市が広がっています。そこにはたくさんの巫女さんがいるのです。つまりこの光の柱はＵＦＯの灯台、道しるべとなっており、押戸石の王はその柱を守っているのです。この地には元々金が採れていたことから選ばれたのでした。

王の周りで踊っている巫女さんたちはよく見るとうっすら髭が生えています。この地は女人禁制とされていて女性性の男性巫女さんが儀式を行っていました。当時の女性たちは押戸石の丘を取り囲むような集落に住み、主人の帰りを待ったと言います。

アトランティスの記憶

自分がアトランティスにいたという記憶は、オーラリーディングをしてもらった時に現れました。初対面の先生が「あっ、久しぶりだね」と声を掛けてくれました。その時に見えたのはギリシャ神話に出てくるような白い衣装でした。「ギリシャで会いましたっけ？」と聞くと、「似てるけどもっと前じゃないかな」と言われたので氣になって宇宙語リーディングをしたところ、アトランティスにワープしました。アトランティス最後の日となった研究所でのワンシーン。博士は「危ないから離れなさい」と言って僕らを施設から出しできるだけ遠くに逃げるように言いました。逃げ延びた僕らはシェルターに入り、大爆発から逃れることができました。核の平和利用のために研究していたのですが制御不能となり爆発してしまったのでした。

その博士と現世の地球で再会できたことはとても大きなことだと思いました。世界は核の脅威に支配され、原発という危険な施設を抱えています。宇宙の歴史は人類の核への挑戦と失敗を繰り返していて、進化成長した僕らにとってまた何度目かのチャンスが来ているのだと感じました。

その後もアトランティスに居たという人と何人か既に会っています。同じアルクトゥルスの友人もアトランティスで花壇に水やりをしていたご近所さんでした。現在も彼女は花が好きでただただ懐かしく温かい氣持ちになりました。

僕らの魂はさまざまな時代に生き、それぞれの役割で関わって今に繋がり、未来でもまた同じ世界に存在するハイヤーセルフ同士です。その長い歴史の中で出逢った記憶が交わる時、自己は大きく拡張し成長できます。宇宙語を話すことで多くの宇宙人たちと交流することが今世でアセンション（魂の次元上昇）の鍵となることでしょう。

レムリアの記憶と復活

ハワイのオアフ島にあるパワースポット、ペレの椅子でライトランゲージ瞑想を行いました。その時の宇宙語瞑想はＹｏｕＴｕｂｅで公開しています。

ＡＬＯＨＡ（アロハ）

戦いや怒りの時代は終わります。

イルカもサメも虹となり新しい大地への架け橋になります。

雲が楽しそうに紫色の龍となり天界に螺旋を描きながら大地を持ち上げていきます。

天使が高らかに笛を吹き、２０３２年にその第一声が発せられます。

崩れ落ち流れていく古きものたち。

そして２０４７年、イルカたちが周りを囲み、小さな太陽のような世界がこの世を照らします。

穏やかで光り輝く楽園、天国と呼ぶにふさわしい世界がただただ広がっています。

ありがとう。

ペレに感謝を込めて。
MAHALO（マハロ）

ペレはハワイのキラウェア火山の女神で、怒りのエネルギーを感じます。そのペレが教えてくれた光り輝く楽園はネオ・レムリアとして存在しています。今、日本でもたくさんのレムリアの記憶が目覚めています。苦しかった過去の記憶を持つ魂が浄化され、新しいレムリアに集まってきているのです。

ネオ・レムリア実現の鍵は所有からの卒業と二元性の統合です。縄文から弥生に移行する時、人は田んぼを所有することを始めました。持つものと持たないものの学びが始まり、その卒業が近づいています。

東京スカイツリーで観た世界の真実

２０１７年の冬、僕は迷っていました。世界金融の最先端テクノロジーに出逢い、日本ブロックを背負うような立場にいました。

僕はなぜこの仕事をやっているのだろうか？
この世界はいったいどうなってしまうのだろうか？

その技術というのはブロックチェーンです。ビットコインを生み出したこのテクノロジーは、無からデジタルのお金を生み出し、銀行システムの破壊者と言われるほどの大革命です。発案者であるサトシナカモトの正体は不明で、なぜ日本人の名前なのかも明らかにされていません。何十億人もの人が銀行口座を持たず、経済に参加する機会を持たない世界に突如として７０億人が一緒に参加できる経済システムの可能性が現れました。

「**お金のキリストになれ**」という言葉と何か関係があるのだろうか？
お金はいったいどうなるのだろうか？

やりがいを感じていましたが、その先の世界を知りたいと強く思いました。
宇宙に答えがあるのだろうか？
一番高い場所に登ればメッセージが降りてきやすいのではないだろうか？

そう思った僕は、当時のビジネスパートナーとスカイツリーに上りました。展望ホールにカフェを見つけ、席に座りました。いつもよりも深い瞑想状態に入っていたと思います。ライトランゲージを降ろしてくると、２０２２年2月22日という日がデジタルで現れました。未来のビジョンを見せられているようでした。

そして、扉が見えてきました。重い扉を開けて中に入ると暗がりの中に三人の人が見えました。大企業の社長、科学者、そして、機械の足を持つ男です。他にも有名な人が何人かいて、サミットのようなものが開かれていました。大きな窓の外には上空から見た東京のビル群が広がっています。その社長が口火を切りました。

「用意はいいかな？」

三人がそれぞれのボタンを押したその瞬間、ビルがホログラムのようにサーっと消えていきます。そして一面が緑に変わり、川に水が流れて海へと広がります。全ての人工建造物があっという間に眼前から消え去りました。

「全ては仮想現実でありホログラムで創られている錯覚のようなものだ。我々は、情報のインターネットだけでなく、３ＤのＶＲやお金や脳の記憶、体験、アイデンティティなど、あらゆるものをデジタル化して電氣信号に置き換えることができる。全ては非現実なのだということを、発表する日は近づいている。では元に戻しましょう」

そう言ってまた三人がスイッチを押すと、何事もなかったかのように街は元に戻っていきました。

生活のありとあらゆるものはデジタル化に向かっています。ＶＲ装置をつけっぱなしにしてあたかもそれが現実であるかのようにそこに存在する仮想現実の世界、電子マネーからキャッシュレス、お金が仮想のデジタルマネーと化していく。想像と創造、イメージと現実、これらの境は急激に薄れていき全てが0と1の記号で表される世界に生きるようになった時、人類の歴史は大きく変わることになるでしょう。

そのことは一部の人にしか知らされません。覚醒した人類だけが、新しい地球で世界を創造していきます。それ以外の人にとって、現実だと思えるものは仮想であり続けることになります。

僕はアインシュタインに憧れて大学で物理学を学びました。その当時から、この宇宙は「誰か」が創ったものだと感じていました。そして、こうも考えます。

「誰かが創れたものだとしたら、それは創り変えることもできるのではないか?」

たくさんの宇宙語マスターたちと、**理想の未来を共同創造する**という未来もそう遠くない氣がしています。

お金時代の終焉《しゅうえん》（レプテリアンとドラコニアンの正体）

レプテリアンとは、爬虫類型宇宙人で、ドラコニアンは龍型宇宙人です。陰謀論と一緒に語られることが多く一般的には良い印象が持たれていないかもしれません。
これは僕が一人で課されたテーマである、**「お金のキリストになれ」**を解き明かす集大成として臨んだミッションについてのお話です。

富裕層と貧困層の格差は、持つものと持たないものに分かれてどんどん進行し続けています。お金を持っている人が、持っていない人よりも優位であるというのは、資本主義社会において誰もが知っている「宇宙の法則」のようなものです。

かと言って、お金を持っているから幸せかというとそうでもない、ということは何となく氣づいている。そんな時代です。

なぜ人はお金のために苦労しなければならないのでしょうか？

僕はまず、自身のハイヤーセルフである過去の自分に宇宙語でアクセスをして、お金のことを聞いてみました。僕の記憶には、出張で海外に行ってなかなか会えなかった父のことや、父が転職をして収入が減ったことで、パートに行き始めた母のことが降りてきました。

　そして、当時の自分が寂しい思いをしていたことを感じ取りました。お金のために家族との時間を奪われ必要以上に働かなければならない、ということは、あたかも当たり前のようになっているのですが、本当は貧しくても一緒に過ごしたかったと思っていたことを思い出しました。


　お金というのは人生においてなくてはならない存在で、苦労したり喜んだり感情やエネルギーを伝達するツールでもあります。

「お金のキリストになれ」とイエス様に言われてから、僕はその謎と向き合ってきました。最初はお金の苦労をして磔にされて世間にお金のことを伝える伝道師になることだと思っていて、会社が倒産したり、だまされて自殺するまでに追い込まれたりしたことも、「お金のキリスト」としての経験値だと思って生きてきました。

　そして宇宙語を身につけた僕は、**宇宙語で宇宙に委ねる生き方**に変わりました。仮想通貨の世界を知り、お金というものは無から生み出せるのだということを実感し、**お金の学びは終焉に向かっている**のだと感じていました。

２０１８年の8月8日に最大に開いたライオンズゲートから世界同時集団瞑想やセッションに参加する中で、なぜ人はお金のために苦しまなくてはならないのか、資本主義の正体は何なのかについて宇宙語瞑想を行いました。

そこで見えてきたのはベルトコンベアに乗って運ばれてくるお金の山。ひっきりなしに運ばれてきます。それを処理しているのはレプテリアンたち、指揮をしているのがドラコニアンでした。ドラコニアンの姿はかつて前世の妹に教わった龍神そのものでした。ドラコニアンが見えたらお金には困らないから仕事をもらうように言われていました。

世界にはいったいどれくらいのお金があるのか？

土地を担保にお金が生まれ、貯金、国債、株式、ＦＸ、レバレッジと数字の上でのお金はどんどん増えていき、レプテリアンのもとに運び込まれていきます。実際に銀行の金庫にはお金は残っていなくても人の暮らしを締め付ける力というのは増大していきます。これがどんどん膨らんでいくのでレプテリアンたちも大変になってきて限界を感じていた時に、僕は天使に導かれ天界へと飛んでいきました。

そして上空からその末路を映画のように観ていました。

レプテリアンはどんどんお金を燃やしていくのですがきりがありません。お金が溢れて世界をお金が埋め尽くし、お金持ちも貧しい人もみんながお金持ちになってお金を持っていることが意味をなさなくなってきたのです。これはわずかばかりのベーシックインカムや生活保護のような額ではありません。**みんなの口座に１億円以上のお金**があり、お金ではなにも買えなくなってしまいます。

そして、人類が**お金の真実に氣付き、お金の学びを卒業する時**がやってきます。資本主義に終わりがやってきました。人々はお金のない世界で思いやりとシェアの精神で新しい地球を創り出しました。

祝福の光と金色の紙吹雪が舞い、喜びに包まれました。僕たちは天界でドラコニアンとレプテリアンと祝杯を上げ、ハイタッチを交わしました。怖いと思っていた**ドラコもレプちゃんも笑顔**です。

レプちゃん「いやあ、お疲れ様でした」
ドラコ「この日のために大変な役を演じてくれてありがとう」
あずみん「みんなこの日が来ることを願ってたんだね」

本当に大団円でした。この日から、**ドラコニアンもレプテリアンも仲間**なのだと感じられるようになりました。三次元で物事を観ると、陰謀や組織のような話に振り回されてしまいがちですが、高次元で眺めると、実は彼らもその役割を演じてはいるものの同じ方向に向かっており、成長のため、光になるために通る過程なのだということが理解できるようになります。

この時、時空を超えて、未来の体験をすることができたのも**宇宙語をマスターしたおかげ**だと思います。宇宙語をマスターしたことで波動を高め高次元に自己を拡張することは、僕の人生の中でも最高のギフトなのだと思います。

この日、僕は天国から眺めていました。そして、最後まで見届けた時、地球での体験はもう終わりだと告げられました。

しかし、僕はその時、「まだやり残したことがあるから戻ります」と言って地球に戻ってきました。「一人ではできないことをやるんだ」ということだけを胸に、新たな旅を想像していました。

その時はまだ、ツインレイとの出逢いと光ファミリーで旅をする新たな体験のことなど知る由もなかったのです。

第8章

宇宙語で受け取った最新情報

アフターコロナの世界について

読者のみなさまへ、最新情報をお届けします。

コロナが世界を大きく変えました。いえ、大きく変え始めました。価値観が変わり、行動が変わり、ライフスタイルが変わり、マインドが変わっていきました。

コロナに対してどうしたらいいのか、という集合意識が働き、瞬く間に地球の意識を変えました。

ここで、アフターコロナの世界について、宇宙語でメッセージを降ろしてきたので、その内容をお伝えします。

「氣付き」と「目覚め」が世界規模で大量発生します。今まで大切にしていた情報が何の価値もない紙くずに変わり、大量の書類を破り捨てる役人たち。隠してきたものも隠す必要が無くなりみんなのために使われるようになります。情報は光に包まれて一瞬で地球に拡がります。ここまでの成長を褒めたたえ各地で祭りが起こります。

抑圧に耐えていた民は勇氣を持って行動に出ます。これは平和的な改革で、武器は必要ありません。誰かのものだった社会はみんなのものになっていきます。狭い宿舎から人が出ていき窮屈とさよならします。

あなたが幸せを望むなら、光の速さで現実になります。そのために高次元の存在が力を貸してくれます。一人一人に天使がついて宇宙と繋がることを助けてくれます。一人一人にです。繋がっていない人は誰もいません。足りないということはないのです。そこにいます。それに氣づくことが大切です。氣付いた人から変化します。

「氣付き」は魂の解放と「目覚め」を引き起こします。誰かのために何かをするということはそのまま自分のためになる、いいことをすればいいことが起きる愛と調和の循環が地球規模で起きるのです。これは氣づいた人だけで起こります。氣づいた人は光の点となり、点が繋がりグリッドになり、三人のグリッドは三角形を作ります。三角は次の三角と結合して三角が地球上に大綱を作ります。光のネットワークは粗い目から細かい目へと成長を始めるのです。

三角はバランスです。調和です。私とあなたに一が足されて三になります。光ファミリーが一足す一に光が足されて三になったように、三はまた三と結びつき、Light Family（ライトファミリー）のネットワークが拡がっていきます。

愛と調和の三角で覆われた地球は光に包まれまばゆい惑星となり宇宙を明るく照らし始めます。地球が光になる時がやってきたぞ！　このメッセージが宇宙に響き渡る時、宇宙時代が開幕します。地球で光になった地球人の魂が今度は宇宙の光となって、愛と光の波動が波打って宇宙に拡がっていきます。

このメッセージに出てくる人たちはみんな微笑んでいました。笑っていました。これでいいんだ。やっと氣付いたんだ。おめでとう！

（後日）

翻訳メッセージを書き終えた後、録音した音声をもう一度聴いてみました。

すると、歴史上の三人の人物が現れて語り始めました。ちょうど「抑圧に耐えていた民は勇氣を持って行動に出ます」の映像からヒトラーのアップに切り替わり、語りかけてきたのです。

ヒトラー「俺は戦争がしたかったわけじゃないんだ。戦いで手に入れた平和が永遠に続けばいいと思っていた。誰も傷つけたくはなかったんだ。戦争なんて二度とない世の中にしたかったんだよ。宇宙の無限エネルギーを人類が使えるようにしようとしたり、ＵＦＯを飛ばして覚醒を促したりもしたんだよ。でも時代はそれを許さなかった。まだまだ学びのために戦争はなくならなかったんだ。だけどな、今は違う。コロナという共通の敵を前に世界は同じ思い、一つの思いになって解決しようと立ち向かっている。みんなが一つになれる時代が来たんだよ。みんなが一つになれるんだ。みんなみんな。みんなが平和のために目覚める時が来たんだよ」

ナポレオン「ああ、全くだ。我々の時代は戦いこそが全てだった。負けたらそこではいおしまい。私の活躍なんて誰も褒めてくれなかったよ。みじめで哀れな最後だったさ。今は最高だな」

徳川慶喜「私の代で終わらせようと思って決断したが、その先のことまでは分からなかった。まさかまた戦乱の世を招いてしまうなんてなあ。それからしばらく戦は続き、人々が豊かになったらなったで異国と奪い合い殺し合わなければならなかった。人はなぜ奪い合うのか？　分ければいいのだ。みんなはみんな、私もみんなだ。みんなが一つになって、私もみんなになって、一つの敵に立ち向かう。みんなはみんな。みんなは私。私はみんな。みんなみんなみんな」

最後は三人が口をそろえて「みんなみんなみんなだ！」と叫んでいました。

ここでお伝えした未来のメッセージは本書の読者みなさまへの宇宙からのメッセージです。実現の速さは人それぞれです。いつか近い未来に愛と光のライトネットワークでみなさまと繋がって、お逢いできることを楽しみにしています。

最新のメッセージはホームページやＳＮＳ等で随時更新していきます。
リクエストなどありましたら、お問い合わせフォームからお知らせください。

おわりに

最後までお読みいただきありがとうございます。

僕たちは、宇宙語は話したければ誰にでも話すことができると信じています。

中には宇宙語を飛ばしてテレパシーで通じる人もいますが、宇宙語は僕らの次元上昇にとても便利なツールで誰にでも使うことができます。

特にアルクトゥルス星人は地球人のアセンション、集合無意識の次元上昇を実現するために地球に来ていると感じます。

過去のビジョンを観る人が多いのも事実ですが、それは覚醒に必要なプロセスです。自分が何者か、何のために地球に転生してきたのかを思い出し、真のミッションに動き出すようになるでしょう。

本質と繋がることの意味

宇宙語でハイヤーセルフ、宇宙人や天使、アセンデッドマスター、ツインレイの魂、偉大な存在などに繋がることができるのですが、それらは全て自分そのものです。自分を拡張したハイヤーセルフが宇宙そのものです。

最も大切なのは自分の中にある本質と繋がり、本質として生きるということの目覚めだと思っています。

自分とは何者なのか？
なぜこの地球に生きているのか？
なぜこの人と生きているのか？
その答えを本質で理解できる日がやってきます。

全ては光であり愛であることに氣付き、ハートをオープンにして感謝で受け取ることで本当の自分、イコール宇宙の一部であり全部の自分を生きられるようになって欲しいと願っています。

光ファミリーが目指す世界

「ライトファミリーを世界に拡大して、世界平和を実現します！」

これは、僕たち光ファミリーが宇宙に誓った目標です。

今は家族三人ですが、家族に対して宇宙語ヒーリングをしてあげるのにお金はもらいません。ご飯を作るのも、そうじや洗濯をするのも車の運転も子守りも無償でやっています。もしも遠くに離れていても必要ならばすぐに駆け付けます。お金はもらいません。

この家族というユニットを大きくしていくとお金がいらなくなります。できることを提供し合うことで、欲しいものは手に入り、誰かから奪ったり傷つけたりする必要もなくなります。あるものを分け合って楽しく仲良く暮らせます。

僕たちはいつも平和です。相手を尊重し助け合い、愛で繋がっています。もしも三人の世界だったら、ここでは既に世界平和が実現していますよね。

そのことに目覚めた家族が世界に増え、ほんの少し拡張した世界を想像してみてください。

それが僕たち光ファミリーが目指す世界平和です。

二歳になった光へ

この本を執筆中に、息子の光（ひかる）は2歳になりました。

おなかの中で光は光り輝いていました。


生まれる前から人を笑顔にしてきた光は、44歳で自然妊娠して助産院で自然出産をしたお母さんに最も楽な方法で産まれてきました。

お腹の中の光に話しかけながら、頑張っているゆきちゃんは僕にしがみつき、僕はライトランゲージを話していました。すると光は「マホメットさん、バイバイ」と手を振って天国から滑り落ちてきました。

明け方の破水からその日のうちに地球に生まれ、陣痛の合間に食べようと、美味しいものをいろいろ用意して楽しみにしていたお母さんをびっくりさせました。

お父さんが迷っている時も、テレパシーを送って行動を示してくれて、お父さんは喜んでいます。

「2037年、18歳になったら同世代のみんなと旅を始めるから、それまで一緒に旅を楽しもうね」とテレパシーで言ってくれました。

僕たちも光の将来を楽しみにしています。いるだけで人を笑顔に幸せにしてくれる天使として僕たちのもとに来てくれてありがとう。

これからも光旅を楽しもう！

読者のみなさまへ

こんな光ファミリーの光旅を温かく見守っていただければ幸いです。

旅先での出逢いはいつも恵まれています。一緒に旅をしてくださる仲間も大歓迎です。

宇宙語をマスターしたい方も是非、繋がりましょう。

光ファミリーの輪を世界に拡げて素晴らしい世界を共同創造していきたいと思っておりますのでどうぞよろしくお願いいたします。

謝辞

まずは、本書を出版しようと言ってくださった青林堂の蟹江社長と渡辺レイ子さんに感謝します。僕たち家族を丸ごと受け入れて繋いでくださった書籍出版コーディネータの小山睦男さん、1年がかりで企画から相談に乗っていただき小山さんに繋いでくださった中山マコトさん、出版記念イベントでマコトさんに繋いでくださった地球探検隊の中村隊長、僕の「出版したい」という長年の夢を家族の名前「光ファミリー」という最幸の名前で、ついに実現してくださったこのドリームチームとのご縁に心より感謝申し上げます。有難うございます！

子育てをしながら支えてくれて、自分のパートも何度も見直し、いろいろなアイデアを出してくれた最愛のパートナーゆきちゃんと、いつも光のエネルギーを注いで元氣をくれた、光ファミリー一番のマスターでありレインボーチャイルドの光くん。

そして僕たちの両親と全てのご先祖様たち、ハイヤーセルフ。

宇宙語の仲間たち、ライトファミリーのみなさま。

有難う！　有難う！　有難うございます！

宇宙語を話す人は増えていますが、出版物はまだほとんどありません。たくさんのライトファミリーが相談に乗ってくださり、たくさん応援してくださったことに心より感謝申し上げます。

最後に、この本を手に取ってくださった全ての方に感謝の氣持ちを伝えたいと思います。有難うございます！

嬉しい！　嬉しい！　幸せです！

僕たち光ファミリーは、これからも光に向かって旅を続けていきます。いつの日か、この広い宇宙のどこかでみなさまとお逢いできることを心より楽しみにしております。フォーエバー、永遠に。

光ファミリーからのギフト
（読者特典）

本書をお読みくださったあなたへ♡

光ファミリーから愛と感謝を込めて
ギフトをご用意させていただきました。
宇宙語（ライトランゲージ）の世界を
一緒に楽しんでいただけたらうれしいです！

～特典内容～

★光ファミリーからのメッセージ
★宇宙語シャワー
（様々なライトランゲージ音声）
★サウンドバス体験
（瞑想用ライトランゲージ音声）
★巻頭の宇宙語アート２種類
（ダウンロード用画像データ）

↓こちらからお受け取りください。
https://hikaru.family/mastergift/

ギフト受け取りページ（特典内容）は
不定期に更新していく予定です。
最新情報やお得な情報が追加されるかも♪

※特典はすべてインターネット上のみでの配布となります。
※この企画は光ファミリーが独自に実施しています
※特典に関するお問い合わせは光ファミリーの公式サイト（http://www.hikaru.family）からお願いします。

著者プロフィール

光ファミリー（ひかるファミリー）

ツインレイの両親とレインボーチルドレンの息子の三人でライトワークを楽しむスターシード家族。

地球の旅を楽しみながら、幸せ家族を拡げることで世界平和をもたらすライトファミリー。

主食は長岡式酵素玄米。

公式サイト　http://www.hikaru.family

光（ひかる）

令和元年（2019年）生まれのレインボーチャイルド。

胎内にいる時から光を放っていたため「ひかる」と名付けられた。

音楽に合わせて踊るのが好き♪

あずみん（父）

1971年愛媛県新居浜市生まれ。佐賀大学物理学科卒業。

宇宙語マスター、レインボーライトヒーラー。

赤坂龍馬会会長。

かつては大手シンクタンクに勤めるIT系サラリーマン。

現在は海外の最新テクノロジー企業の日本マネージャー。

2005年に物理的失明、重度の精神疾患で記憶障害になり、アルクトゥルス星人がウォークイン。

ゆきちゃん（母）

スピリチュアルネーム：Sreedevi
1974年福井県敦賀市生まれ。関西学院大学フランス文学科卒業。
Rainbow Goddess（虹の女神）、レインボーライトヒーラー。
ライトランゲージ（宇宙語）やクリスタルボウルを使ったサウンドヒーリング。
国内外のパワースポットや聖地でのリトリート。
44歳で第一子を自然妊娠して、助産院で立ち会い出産。

宇宙語マスターになると人生はうまくいく
～愛と光のランゲージ～

令和 3 年 9 月 23 日　初版発行

著者　光ファミリー　Hikaru Family

発行人　蟹江幹彦

発行所　株式会社青林堂
〒 150-0002　東京都渋谷区渋谷 3-7-6
電話　03-5468-7769

印刷所　中央精版印刷株式会社

Printed in Japan

ISBN 978-4-7926-0710-4

至高神　大宇宙大和神（オオトノチオオカミ）の教え
隠身（かくれみ）から顕身（うつくしみ）へ

松久正

松久正による大宇宙大和神のパワーが込められた神札付！
自分のやりたいことをやり続けるのが魂の喜び。

定価2880円（税抜）

卑弥呼と天照大御神の復活
世界リーダー・霊性邪馬台国誕生への大分・宇佐の軌跡

松久正

松久正により〝卑弥呼エネルギー〟が注入された「水晶入りプレミア御守り」付！
卑弥呼と邪馬台国の真実が今明かされる！

定価3550円（税抜）

神医学

松久正

医師自身や家族には患者への処方をしない現代西洋医学を斬る！
〝神医学による人類・地球の次元上昇により、不安・恐怖を源とするウィルス感染は収まります〟

定価1700円（税抜）

ピラミッド封印解除・超覚醒 明かされる秘密

松久正

ピラミッドは単なる墓などではなかった!!
88次元存在であるドクタードルフィンによる人類史上8回目の挑戦で初めて実現させたピラミッド開き！

定価1881円（税抜）